Remerciements

*Je tiens à remercier ma femme
pour ses idées et son soutien,
mon fils pour avoir ouvert mon esprit
ainsi que tous ceux qui m'ont apporté
leur aide tout au long de ce livre.*

Motivez-Vous
le pouvoir de se surpasser

Table des matières

◆ introduction ◆

Arrêtez-vous un instant et regardez tout ce qui vous entoure. Tout ce qui englobe ce monde. Que ce soit votre téléviseur, votre téléphone ou toute forme d'architecture repoussant les limites de la physique. Toutes ces choses qui ont vu le jour parce qu'une personne en a fait une interprétation de par sa pensée. Un rêve, une idée? Bien sûr. Il y a un commencement à toute chose. Mais la différence entre ces personnes qui ont réussi a créer leur vision et ceux restées dans l'oubli se décompose en deux parties. La première est la capacité à inventer, à modéliser dans leur esprit le futur, ce pouvoir de projection.

La suivante est la capacité à donner vie au projet quoi qu'il puisse leur en coûter. Chacun interprète à sa manière ses propres pensées, et l'on peut décider ou non de les poursuivre afin de donner corps à ce rêve. Pour ma part cela s'est passé ainsi : par une belle journée d'été, je fis une découverte au court d'une simple discussion avec ma femme. Nous parlions de choses et d'autres comme le font la majorité des couples. Assis sur la devanture de l'entrée, nous étions dans une réflexion profonde puisque ma femme me parla de ''principe de changement'' des personnes. Puis je continua sur la lancée pour lui demander, si l'occasion lui en était donnée, quelle partie souhaiterais-t-elle améliorer sur sa personne? Je tiens à préciser que ma femme et moi ne parlions pas de changement physique de la personne mais plutôt du mode de pensée dans un sens cérébrale. Et elle me fit cette réponse simple tout en me fixant le regard avec attention : «*Je voudrais trouver la motivation qui parfois me manque pour que mes idées puissent devenir réelles*». Tout était dit, cette simple phrase m'avais ouvert les yeux comme si je venais subitement de découvrir une nouvelle formule mathématique (je sais que l'exemple est un peu prétentieux, mais bon!) comme ce sentiment de se réveiller en recevant une grande gifle en pleine figure. Que quelqu'un comme moi ou tout autre personnage essaye de vous expliquer que vous devez procéder de telle ou telle manière pour réussir dans un domaine, mais que le carburant essentiel au bon fonctionnement de cette stratégie manque à l'appel. Tout cela revient à monter sur un vélo et essayer de pédaler alors que celui-ci n'a pas de chaîne. Le vélo n'avancera pas et nous avec. Imaginez que votre médecin vous explique qu'un régime s'impose ou que vous souhaiteriez travailler dans un domaine spécifique à la condition de repasser un diplôme mais que toutes ses idées ne reste qu'à l'état d'ébauche. Vous possédez une certaine volonté mais pour une raison inconnue, il ne se passe rien. Pourquoi? Parce qu'il vous manque ce carburant énergétique dont seul votre corps en maîtrise tous les aspects. Ce carburant dont chaque être à besoin pour aller de l'avant afin de construire sa propre réussite, c'est bien cette *putain de motivation.*

Tout comme ce livre ou de courir le marathon de New York, malgré une préparation en amont, sans la motivation il ne se passe rien.

Vous avez la préparation physique ou mentale pour y arrivez mais vous n'en ressentez pas cette envie d'accomplissement, vous ne progressez pas dans votre vie car ce besoin d'exister dans cette civilisation qui est la nôtre n'est qu'une illusion profonde à vos yeux. La réponse ce cache à l'intérieur de nous-mêmes.

Je me suis mis à comprendre par mes recherches le pouvoir qu'exerçait notre motivation à l'intérieur de notre corps et à aller encore plus loin. Au lieu de trouver des exemples de personnes, qui, par la motivation ont réussies de grandes choses dans leurs vies ou de vous dire simplement : *Vous devez vous motiver avec un bon coup de pied aux fesses,* non sérieusement, je pense que la clé est de comprendre les mécanismes de la motivation. La motivation n'est pas juste un énervement intérieur, c'est une forme d'énergie qui transcende tout votre corps lui permettant d'accomplir ce que l'on n'aurait imaginé. Une fois que vous aurez compris la puissance de cette clé, vous serez en mesure de répondre à ces questions. Comment est générée notre motivation afin d'en reproduire le schéma autant de fois qu'on le désire? Qu'est-ce qui nous motive? Quel est le secret de motivation des plus grands noms de ce monde?

C'est donc de cela qu'il s'agit, *comprendre, se fixer et éprouver* ce pour quoi vous vous êtes engagé dans cette lutte du saint Graal avec vous-même. La vie n'est pas faite pour rester linéaire. Faites en sorte que la vôtre soit en mouvement et progressez continuellement.

Le mouvement amène au mouvement. L'immobile reste statique. Avoir la vision du futur est bien, en créer le principe pour arriver à un résultat est mieux. Il n'y a que vous qui pouvez engager ce processus d'auto-motivation et personne d'autre. Cela peut être produit par un choc psychologique ou physique et peut vous amener au sommet de vos idées à condition de maîtriser certaines facultés énumérées dans ce livre. Plus on se connaît intérieurement et plus nos capacités seront maîtrisées faisant grandir cette énergie motivante.

Un dernier point important, à la fin de

Motivez-Vous
le pouvoir de se surpasser

chaque chapitre, je vais énumérer les points forts à retenir sous la forme d'un résumé suivi de questions le concernant, alors ne les négligés pas.

Essayez de répondre objectivement et avec sincérité à ces questions qui, je l'espère ardemment, vous aideront à avancer et à vous connaître un peu plus. Bonne lecture à toutes et à tous.

Motivez-Vous
le pouvoir de se surpasser

Partie 1 : comprendre la structure de la motivation

CHAPITRE 1

♦ **Histoire d'un concept** ♦

*Il est beaucoup plus facile pour
un philosophe d'expliquer un nouveau
concept à un autre philosophe qu'à un enfant.
Pourquoi? Parce que l'enfant pose les
vraies questions.*

- Jean-Paul Sartre -

La motivation se distingue de l'énergie, du dynamisme ou du simple fait d'être actif. De nos jours, la motivation a pris une place importante au sein de nos structures et génère une réserve d'énergie sous forme d'enthousiasme, de persévérance ou même d'assiduité. Mais plus qu'une forme «d'énergie», la motivation est régie par une multitude de paramètres liés à un environnement bien précis d'une situation donnée. Ainsi donc, notre motivation sera proportionnelle au degré d'ambiguïté et de

Motivez-Vous
le pouvoir de se surpasser

complexité d'une situation, elle doit les dissiper pour les reconfigurer en valeurs pour nous permettre d'avancer. Voyez comme une personne atteinte de timidité n'arrive pas à s' autogérer.

Cette personne ressent un mal-être et ne parvient pas à prendre le contrôle sur la situation qui parfois, empire à cause du stress qui peut se transformer en angoisse. A l'inverse, il est vrai que face à une situation donnée et de nous retrouver face à nous-même, la motivation joue un rôle dé-libérateur interne pour passer à l'action.   Face à un dilemme, nous pouvons accomplir des exploits extraordinaires.

A travers l'accomplissement de cette action via un processus d'engagement précis, nous réalisons l'importance de notre pouvoir de créer.

-<u>Le concept de motivation</u>

Le point de vue général de la philosophie antique, exprimé par l'eudémonisme *(doctrine philosophique posant comme principe que le bonheur est le but de la vie humaine)*, considère que la recherche du bonheur est l'exigence impérative à la base de la motivation. Le fait de réussir provoque du bonheur voir de l'euphorie ce qui accroîtrait notre motivation . Il est difficile de retracer l'histoire du concept de motivation car on n'a pas de traces d'une éventuelle étude entre l'antiquité et le XXe siècle. Les théories sur la motivation sont nombreuses mais celle qui pour ma part est intéressante est *«La théorie de la hiérarchie des besoins»* d'Abraham Maslow (psychologue américain, considéré comme le père de l'approche humaniste). La théorie de la hiérarchie des besoins d'Abraham Maslow met en évidence les besoins de l'être humain, et dit que plus on gravit les niveaux de cette pyramide et plus la motivation de l'accomplissement est importante. Mais il est dit aussi que l'on ne peut atteindre les niveaux supérieurs que si les besoins des niveaux inférieurs ont été complètement atteints. Le dernier pallier, celui de l'accomplissement personnel, est à lui seul ce qui développe le plus efficacement la sensation de réussite, de bonheur interne libérant la motivation au même degré.

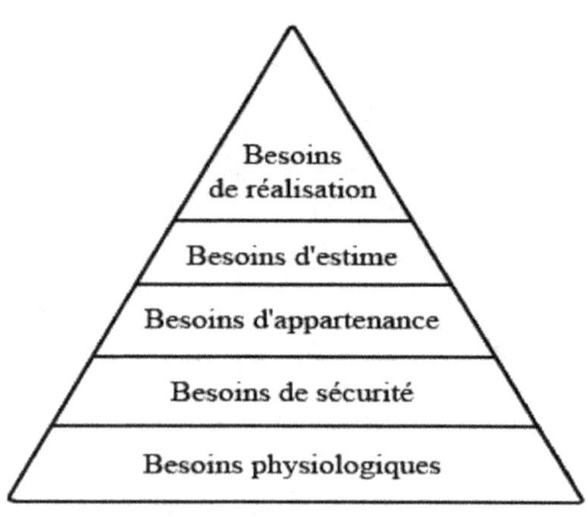

Pyramide des Besoins de Maslow

Il est important de parler plus en détail de ces niveaux de besoin pour mieux comprendre en quoi correspond celui de l'accomplissement personnel représenter par le besoin de réalisation.

•En tout premier, on retrouve *le besoin physiologique* que l'être humain doit combler, cela correspond à la nécessité de survie.

En effet, quelle que soit sa culture, sa nationalité et son origine sociale, l'individu a besoin de se nourrir, de boire, de se vêtir, de se reproduire et de se loger. Si ces besoins ne sont pas satisfaits, sa santé physique et psychique en seront grandement détériorées. C'est là un besoin vital pour chaque être sur terre.

•Au deuxième niveau nous retrouvons *le besoin de sécurité*. Ce besoin se réfère au fait que tout individu doit se protéger des dangers physiques et morales. Il y à donc une part objective (notre sécurité et celle de notre famille) et une part subjective liée à nos peurs, nos craintes et nos anticipations qu'elles soient rationnelles ou non (la peur du vide, les phobies).

Les besoins de sécurité évoluent avec le temps et notre environnement (la sécurité de l'emploi, des revenus, celui de la santé, contre les agressions physiques).

•Au niveau supérieur on retrouve *le besoin*

Motivez-Vous
le pouvoir de se surpasser

d'amour et d'appartenance. Ce besoin a une dimension sociale importante, il correspond aux besoins d'aimer et d'être aimé, de se sentir accepté au sein d'un groupe qu'il soit social, relationnel ou statuaire (la famille, les amis, former un couple, relation de travail), chaque personne peut appartenir à plusieurs groupes identifiés. Plus on se sentira accepté et plus on se sentira aimé du fait de cette appartenance sociale.

•L'avant dernier niveau situe *le besoin d'estime de soi.* L'homme a besoin d'être respecté, de se respecter et de respecter les autres. La considération, la reconnaissance ou la réputation font partis de se besoin. La mesure de l'estime peut se mesurer à la gratitude accordée aux personnes. Vous accordez de l'importance au respect dans toutes ses formes alors le monde vous en sera reconnaissant. La gratitude que les personnes vous témoigneront n'en sera que décuplée.

•Le dernier niveau montre *le besoin de l'accomplissement personnel.* C'est la réalisation de soi, de développer ses valeurs, d'accroître ses connaissances, de création, d'exploration etc...

Ce niveau par sa définition n'est jamais complètement atteint puisqu'au cours de notre vie, nous ne cessons d'apprendre et de créer via notre esprit. Les spécialités dans un domaine bien précis en est la preuve pour gagner en expérience. On peut repasser des diplômes à quarante ans pour évoluer dans un registre complètement différent de celui que l'on avait jusqu'à présent. Notre propre évolution personnelle dépend de notre capacité à créer pour que notre corps et notre esprit soient en perpétuel mouvement, comme la possibilité de se surpasser, avoir des buts définis et les faire vivre.

On peut concevoir de passer au niveau suivant sans que le précédant soit acquis entièrement, pour certaines personnes c'est ce qui s'est passé dans leur vie mais cela se traduit par la suppression du besoin au détriment de l'envie. Il ne faut pas oublier que «l'envie» ne doit pas être remplacée par nos besoins car si l'on peut maîtriser ses envies, nous ne pouvons pas mettre de côté nos besoins, le ciment de notre vie. Les besoins sont capitaux et permettent de réunir le bonheur en nous si nous les possédons.

On peut établir un tableau de cette pyramide selon notre apprentissage au court du temps qui se définit de la manière suivante :

Age	Besoins	Description
0-2	**Survie**	Besoins physiologiques (air, eau, nourriture).
3-5	Survie + **Sécurité**	Début de la capacité de faire des projets, basé sur l'évitement de la douleur.
5-10	Survie, Sécurité + **Appartenance et amour**	Besoin d'appartenance à un groupe (famille), socialisation.
Adolescence	Survie, Sécurité, Appartenance et amour + **Estime de soi**	Besoin d'estime de soi et du respect d'autrui.
Adulte	Survie, Sécurité, Appartenance et amour, Estime de soi + **Réalisation de soi**	Besoins d'épanouissement, créativité et exploitation du potentiel, dépassement de soi.

Le tableau nous montre bien que c'est à l'âge adulte que le besoin *d'épanouissement, la créativité et l'exploitation* de notre potentiel (physique et intellectuel) se fait le plus ressentir.

Nous avons déjà acquis les besoins de la survie, de la sécurité et de l'appartenance propre à notre enfance puis le besoin de l'estime à la période de l'adolescence. C'est peut-être pour cela que cette période, en plus d'un dérèglement hormonal, est sujette à diverses contraintes familiales. L'adolescent a besoin de reconnaissance, d'estime de soi, il cherche une forme de respect qu'on lui accorderais pour éprouver cette sensation d'appartenir à notre société. Étant père de famille avec un jeune homme de sept ans à mes côtés, je perçois déjà les petits changements d'humeur (Petit mot d'encouragement à tous les pères de famille).

L'âge adulte quant à lui, montre vraiment le niveau de créativité que l'on peut ressentir en l'exerçant à travers notre travail ou différents hobbies, le seul frein de notre perception créative reste la limite de notre imaginaire. De par le temps, l'homme a d'abord imaginé puis inventé des machines et mit au point des procédés technologiques pour que cette image apparut dans nos pensées devienne réelle. Plus vous développerez votre imaginaire et plus vous obtiendrez une plus grande créativité développant ainsi votre motivation et l'estime que vous vous portez dans l'accomplissement.

Grâce à celle-ci, la magie de créer votre propre chemin dans ce monde devient concrète à condition toutefois d'y mettre de sa personne. L'intensité motivante que vous développerez sera proportionnelle à l'engagement que vous consacrerez dans cette créativité. Il suffit de voir

Motivez-Vous
le pouvoir de se surpasser

des personnes ayant atteint un degré élevé de célébrité de par leurs inventions technologiques ou autres à la hauteur de leur degré de créativité.

Voyez les choses en grand et n'ayez pas peur de ce que l'on pourra penser de vous. Au moins, vous aurez atteint votre but et continué à nouveau dans cette créativité pour l'élévation de votre être intérieur.

Résumé du chapitre: la compréhension de la motivation

-La motivation est régit par une multitude de paramètres liés à un environnement bien précis d'une situation donnée.

-La motivation joue un rôle dé-libérateur interne pour passer à l'action.

-Plus la motivation est importante et plus les besoins de l'être humain s'en trouvent assouvis.

-Sans motivation nous ne pouvons franchir les niveaux des besoins pour accéder à l'accomplissement de nos désirs.

-La hiérarchie des besoins de Maslow nous montre bien que c'est à l'âge adulte que le besoin d'épanouissement personnel se déclenche.

-Notre plus grand potentiel est celui de la créativité.

Questions: Ressentez-vous des besoins d'épanouissement personnel? Si oui, quand allez-vous commencer cette recherche et dans quel but vous servira-elle?

CHAPITRE 2

◆ L'estime de soi ◆

*On ne peut pas être grand homme
sans croire en soi-même.*

- Anne Barratin -

L'estime de soi est l'avant dernière étape pour atteindre le dernier niveau du tableau de Maslow qui représente l'accomplissement personnel. Ce dernier est très important, c'est le niveau qui génère la plus grande motivation puisque dans le futur cas présent vous aurez développé un but à atteindre. Donc si vous n'avez pas développé une grande estime de vous-même, votre motivation ne peut pas atteindre une grande valeur, ce qui vous paralyse dans vos efforts et conforte vos échecs de mise en situation avec vous même face au but que vous vous étiez fixé. Donc parler de l'avant dernière étape pour y

Motivez-Vous
le pouvoir de se surpasser

arriver me parais essentiel. Tout d'abord reprenons la définition de l'estime de soi. L'estime de soi est un terme désignant le jugement ou l'évaluation faite d'un individu par rapport à sa propre valeur.

Pour ma part, je distingue quatre piliers qui une fois assemblés forment l'estime que l'on porte en nous. Ces piliers sont : *La confiance en soi, L'amour de soi, La vision de soi et L'acceptation de soi.* Voici un schéma représentatif qui nous aide à mieux comprendre la constitution de l'estime de soi :

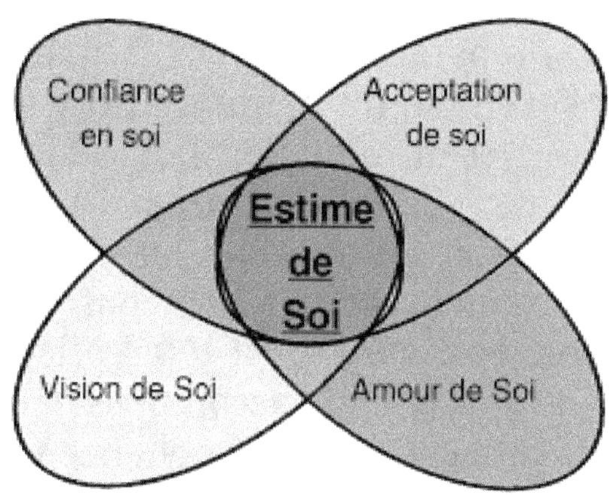

Je vais parler de ces quatre piliers pour comprendre et bien assimiler notre estime de soi afin d'avoir le maximum d'informations pour accéder à l'accomplissement personnel, le but à atteindre via notre motivation. Car on l'a vu plus haut, si nous franchissons cette marche, notre motivation grandira en même temps et je ne parle pas de chance pour atteindre notre but personnel. Non la chance n'a rien à voir dans ce cas présent, c'est *le processus* (le procédé) qui, bien établi, nous mène vers l'accomplissement de notre but. On entend souvent des personnes dire qu'elles ont eu de la chance d'arriver au bout de leurs objectifs, comme de franchir la ligne d'arrivée d'un marathon ou bien d'autres choses exceptionnelles, mais et je le répète, la chance n'a rien à voir dans le fait que ces personnes soient arrivées au bout de leurs objectifs. C'est le processus d'engagement mis en œuvre dans le but à atteindre. Vous avez mis en place tout une série de préparations pour y parvenir. Je reprends l'exemple du marathon, il y à la partie physique (l'entraînement), la partie psychologique (la préparation mentale, la concentration, le soutient des amis ou familiale) et l'investissement pour soi (achat de matériel liés au sport pratiqué), c'est tout ça le processus qui vous a conduit à l'accomplissement de ce marathon, ce n'est en rien la chance qui passait par là et qui s'est dit: Tiens je vais donner un petit coup de pouce à celui-là en lui insufflant un peu de chance. Ben voyons, si seulement ça marchait comme ça il n'y aurait plus besoin de faire quoi que ce soit, on attendrait patiemment le facteur chance qu'il vienne nous voir à un moment bien définis, ce serait trop cool. (*Ouais c'est ça!!*) Donc retenez bien que c'est le processus que vous mettez en place qui vous conduira vers votre but, mais sans motivation il n'y a pas de processus, puisque même bien préparé dans votre objectif, il vous faudra une dose de cet agent motivant pour que celui-ci se réalise. Retenez bien cette phrase :

Sans motivation, il n'y à pas de processus

Le processus est le premier pas de votre degré motivationnel. Si vous persévérez, alors votre degré motivationnel augmentera. Revenons vers nos quatre piliers et plus précisément celui de la vision de soi.

-<u>La vision de soi</u>

L'image de soi est assimilée, quand on parle d'identité physique, à l'image que nous avons de nous-même et à l'interprétation que l'on en fait. C'est donc un jugement fondé ou non, que l'on porte sur nous même de ses qualités et de ses défauts. Le regard que l'on a de soi est régit en grande partie par notre environnement familial ou social. Il est important pour une personne de prendre conscience de cette vision que l'on porte sur soi, cela va nous permettre de connaître exactement nos désirs et souhaits. Si une personne à une vision négative d'elle-même, alors celle-ci aura un impact direct sur l'estime qu'elle se porte, la personne pensera ne pas être capable de faire un acte bien précis tant sa vision de soi sera basse. D'où la nécessité de changer notre vision en grand pour voir notre vie en grand. Comment voulez-vous être motivé si vous avez une vision inexistante de vous-même par rapport aux personnes de ce monde? Vous êtes-vous déjà demandez quelle était l'importance que vous aviez aux yeux de vos proches? Changez cette vision de vous-même en changeant votre interprétation de cette vision avec un exercice simple à faire tous les jours. Le matin ou le soir quand vous êtes devant votre miroir, car c'est là que votre subconscient est à son plus haut niveau, dites-vous cette phrase à voix haute sans forcément réveiller votre conjoint :

«Il y a des personnes qui comptent sur moi car je suis quelqu'un d'important, je vais faire en sorte que ces personnes soient fières de moi pour tout ce que je représente à leurs yeux»

Se renvoyer une image positive à travers le reflet du miroir va interagir avec votre subconscient ce qui, à force de répétition, va imprimer une image positive à l'intérieur de nous. Vous aurez une image plus positive portée à vous-même et la vision que l'on se donne n'en sera que plus grande. Vous pouvez créer votre propre phrase afin de vous sentir à l'aise avec cet exercice et augmenter le niveau d'importance de votre existence.

-<u>La confiance en soi</u>

La confiance en soi s'exprime par un sentiment acquis de sécurité et d'assurance par rapport à ses propres choix. Elle varie plus ou moins en fonction de nos expériences vécues de réussite ou d'échec. S'il est vrai qu'un manque de confiance peut être synonyme d'insécurité ou d'une dévalorisation de la personne, l'excès de confiance démontre une certaine arrogance. Selon Isabelle Filliozat *(psychothérapeute, didacticienne en psychothérapie, conférencière et auteur)* le terme de «confiance en soi» est construit d'après quatre étages :

▪Premier étage:
<u>Le sentiment de sécurité intérieure</u> qui est la confiance de base liée au contact physique avec son environnement familiale pendant l'enfance.

Ce qui peut expliquer que certaines personnes qui ont manquées d'affection pendant leur enfance se retrouvent avec un manque de confiance en eux étant adultes.

▪Second étage :
<u>La confiance en sa propre personne</u> (ses désirs, ses besoins) se traduit par le

développement de sa propre personnalité. Avoir confiance en ses propres sensations, émotions, sentiments et pensées. Disposer le droit d'avoir son propre avis. Pour les personnes souffrant de timidité, cela peut se traduire par un manque de développement de la personnalité liée à un environnement stérile.

▪Troisième étage :

La confiance en ses compétences et ce par l'encouragement de ce que l'on crée, du soutien face aux difficultés (surmonter la peur de l'échec) d'avoir des responsabilités, d'être consulté et de savoir que notre avis compte. Je cite l'auteur Isabelle Filliozat : «*Quand les parents font à sa place, par manque de temps, par impatience, pour se simplifier la vie, ou, pire, par mépris pour les capacités de l'enfant, celui-ci n'a pas l'occasion de sentir par lui-même ce dont il est capable.*»

▪Quatrième étage :

La confiance relationnelle est l'identification des sentiments et l'émotion des autres. Une personne rejetée, moquée, humiliée sera plus facilement en déficit de confiance relationnelle.

On vient de voir les quatre étages de la confiance en soi et je suis convaincu qu'une majorité de personne se reconnaîtrons dans l'un

Motivez-Vous
le pouvoir de se surpasser

de ces piliers Vous en savez un peu plus sur vous-même et pourquoi le simple fait de vouloir entreprendre une chose vous fait ressentir un malaise avec vous-même, et par le fait, un niveau de confiance proche du zéro quand il s'agit d'accomplir une tâche ou de parler à une personne chère à votre cœur.

<u>-L'acceptation de soi</u>

C'est de prendre conscience que ce qui nous arrive, nos difficultés, nos responsabilités, font parties intégrante de notre vie et sont nécessaires de ne pas les renier, n'y d'aller à l'encontre de ces principes. L'acceptation de soi doit être profondément ancrée au fond de nous-même pour ne pas laisser de place pour les frustrations, les regrets, les colères, les remords. La route qui mène à l'acceptation passe par la découverte envers nous-même et c'est à travers les épreuves de notre vie que nous nous révélons à nous-mêmes. Reconnaître que l'on est unique, que l'on s'accepte dans sa totalité sur son image et sa personnalité en portant un regard positif à son égard contribue à cette acceptation.

Les erreurs que l'on fait ne doit en rien nous dévaloriser, au contraire, elles doivent être bénéfiques et renforcer l'aspect de notre personnalité, ce qui va contribuer à renforcer notre personnalité. Nous devons apprendre de nos erreurs et non les rejeter comme une faute.

Une personne qui ne s'accepte pas aura tendance à se plaindre ou protester, trouver des excuses, ne prendra aucun risque pour progresser dans sa vie, peut-être aura-t-elle de la pitié envers elle-même, elle se dira que les autres sont meilleurs.

-<u>L'amour de soi</u>

C'est la capacité de se donner le droit de s'accepter et d'apprécier ce que l'on est malgré les imperfections de notre corps. L'amour de soi vient avant la vision de soi et l'acceptation de soi, c'est le facteur principal de l'apparition de l'estime de soi. Il doit être inconditionnel pour permettre le développement de son estime.

L'amour est définit par des facteurs comme : connaître ses intérêts réels, ses besoins, protéger sa santé physique et psychique, savoir que l'on a des blessures non guéries, se reconnaître une certaine valeur. L'amour de soi permet d'éprouver de la joie, du bonheur dans sa vie. Ne pas s'aimer conduit à un manque de respect de sa propre personne, à penser que l'on ne mérite pas mieux dans sa vie, ne pas s'occuper de soi ou avoir une existence de vie sans le moindre plaisir. Vous devez reconnaître vos qualités et le potentiel qui va avec pour avancer.

Nos valeurs reflètent notre motivation et s'expliquent par nos comportements qu'ils soient conscients ou inconscients. Le but est de savoir où vous placez l'estime de soi dans votre hiérarchie de valeurs. Normalement cette valeur devrait se retrouver en haut du podium car c'est cette valeur (l'estime de soi) qui nous mène à la réalisation de soi, c'est la conséquence direct du respect de nos autres valeurs. Si vous doutez de vos capacités d'entreprendre un choix donné, c'est que l'estime que vous vous portez est en dessous de vos autres valeurs. Commencez par changer cela et vous gagnerez l'estime que vous méritez.

C'est bien beau tout ça, mais comment changer cette valeur pour la remettre en haut du classement.

<u>Petit récapitulatif, on a vu que:</u>

1-***la vision de soi*** est le regard que l'on se porte à soi-même.

2-**la confiance en soi** est avant tout de se connaître.

3-***l'acceptation de soi*** est le fait de se voir tel que l'on est.

4-***l'amour de soi*** est la capacité à s'accepter tel que l'on est malgré nos défauts.

L'estime de soi se construit en même temps que celle de notre personnalité, elle est le reflet

Motivez-Vous
le pouvoir de se surpasser

de nos expériences passées et cela à une influence sur notre comportement car on peut dire que l'estime de soi est une sorte de filtre à travers lequel on regarde la réalité. C'est par le regard des parents que notre premier filtre d'estime se construit, la famille permet d'établir ce lien de construction de la personnalité.

Le conseil que je donne pour avoir une meilleure estime de soi est de ne pas s'en remettre au regard des autres. Ce que font ou pensent les autres, on s'en fout, de cette manière on se concentre sur nos désirs, nos envies, nos projets, ce qui contribue à augmenter notre confiance en soi qui comporte une part importante dans la composition de notre estime sans nuire à autrui.

La confiance que vous apporte l'estime que vous vous portez va permettre de façon plus facile à votre corps d'établir la motivation pour la réalisation de vos projets. Cela me parait évident qu'une personne qui a une bonne vision de soi, qui se voit telle qu'elle est et non comme les autres voudrait qu'elle soit et qui s'accepte en tant que telle, débordera de confiance et éprouvera sans difficulté une énergie motivante pour avancer dans sa vie.

Résumé du chapitre : comprendre l'importance de l'estime de soi

-L'estime de soi est un jugement ou l'évaluation faite d'un individu par rapport à sa propre valeur.

-L'estime de soi se compose de quatre piliers.

-C'est le processus qui nous mène vers l'accomplissement et non la chance.

-L'objectif conduit à la motivation qui conduit au processus.

-Changer notre vision en grand pour voir notre vie en grand.

-L'estime de soi est le reflet de notre personnalité.

-Avoir une meilleure estime de soi augmente notre confiance en nous et donc notre motivation.

Questions : Quel(s) pilier(s) composant l'estime de vous-même a le niveau le plus bas? Comment allez-vous procéder pour changer cela et pourquoi?

Partie 2: les règles à se fixer

CHAPITRE 3

♦ Se fixer des objectifs ♦

- Zig Ziglar -

Pour commencer voyons un peu la définition d'un objectif car ce que la plupart des gens pensent est souvent erronées et mélange l'objectif et le but. L'objectif est une cible à atteindre qui se porte sur une action que l'on entreprend en vue d'un résultat. Le but est un point matériel prit pour cible.

Les objectifs constituent la voie vers laquelle nous allons, donc si vous ne savez pas où aller, vous ne savez pas quelle voie prendre. En effet, si vous partez tête baissée sans une idée bien précise de ce que l'on cherche à définir comme résultat cela ne servira à rien, autant ne rien faire du tout. C'est pourquoi se fixer des objectifs bien définis et détaillés est primordial pour être en mesure de les atteindre.

Si une personne X se dit à l'intérieur de soi qu'elle souhaite perdre des kilos en trop mais ne sait pas combien exactement, n'y quand commencer et quel procédé mettre en place pour y arriver, je vous parie toute mes économies que cette personne n'y arrivera certainement jamais. Au contraire, si une personne Y se dit à haute voix qu'elle veut perdre huit kilos, en commençant maintenant par des exercices réguliers de fitness avec le soutien d'une amie et de changer son alimentation avec un suivi par un spécialiste pendant une durée prédéfinie, alors cette personne ira jusqu'au bout car elle s'est engagée dans un processus précis, qui est mesurable et délimité dans le temps. La personne Y sait ce qu'elle veut et où elle veut aller.

Vous voyez déjà la différence entre ses deux personnes, une dit qu'elle *souhaite* perdre des kilos sans savoir vraiment combien et comment alors que la deuxième personne *entreprend* et à détaillé un plan précis pour y arriver.

Vous devez voir votre objectif comme un engagement et non comme une envie, de ce fait, vous aurez tous les moyens pour l'atteindre.

Mais comment l'objectif doit-il se traduire pour qu'il se matérialise?

-La réponse : L'objectif doit être "SMART"

Je n'invente rien puisque c'est une technique utilisée en management et qui selon moi est une bonne méthode pour se fixer des objectifs réalistes dont je reprends la formule : SMART, pour chaque lettre correspond un mot et cela défini l'objectif:

- *Spécifique* : précis et simple
- *Mesurable* : pour évaluer le résultat des efforts accomplis
- *Accessible* : doit être capable de réussir
- *Réaliste* : possible à atteindre
- *Temporel* : quand l'objectif sera-t-il atteint?

Revoyons ensembles ces cinq lettres du terme SMART qui définit précisément votre objectif futur avec pour chacune d'entre elles deux exemples précis .

●S comme spécifique :

Définir votre objectif doit être le plus précis et le plus compréhensible possible pour rester canalisé sur le projet et évite l'égarement. Privilégiez une écriture simple et fluide sans complication, cela va permettre une lecture claire afin de déterminer la faisabilité et les difficultés qui pourraient subvenir, ce qui définira les stratégies à mettre en œuvre le cas échéant.

-Exemple spécifique pour une personne qui souhaite commencer une activité physique :
▪Pouvoir faire du jogging.

-Exemple spécifique pour une personne qui souhaite avoir du temps à elle :
▪Prendre du temps pour moi chaque jours.

●M comme mesurable :

Le caractère mesurable assure au sein du concept un fondement concret au projet pour définir les informations sur ce qui a déjà été fait et sur ce qu'il reste à accomplir. Ce qui permet de voir l'évolution du projet en cours et de prendre certaines décisions afin de mettre en place un plan d'action si nécessaire au bon déroulement du projet.

-Exemple mesurable pour la personne qui souhaite commencer une activité physique :
▪Courir chaque jour pendant 15 minutes.

-Exemple mesurable pour la personne qui souhaite avoir du temps à elle:
▪Me réserver 30 minutes seule chaque jour.

●A comme accessible :

Les objectifs que l'on se fixe doivent pouvoir être accessibles pour que le projet soit réalisable. Le caractère accessible va de pair avec l'ambition, donc en ayant des objectifs ambitieux on va susciter chez les personnes l'envie de se donner à 100% dans leurs projets et ainsi constituer une source de motivation importante. Le piège à éviter est celui de la démesure du projet qui risque de ne jamais aboutir.

-Exemple d'accessibilité pour la personne qui souhaite commencer une activité physique :
- Consulter un spécialiste pour obtenir un programme adapté à mes besoins.

-Exemple d'accessibilité pour la personne qui souhaite avoir du temps à elle :
- Allonger ma période de lecture avant le coucher.

●R comme réaliste :

Afin de ne pas avoir à douter un instant que le projet soit réalisable quelles que soit les difficultés qui pourraient subvenir, il convient que celui-ci doit rester le plus réaliste possible. Ce critère est très important car si par la suite on souhaite bénéficier du soutien de la famille ou d'un ami, il faut que la faisabilité du projet saute aux yeux de ses derniers afin que l'encouragement nécessaire s'implique par vos différents soutiens.

-Exemple réaliste pour la personne qui souhaite commencer une activité physique :

•Je peux aller courir le matin avant de partir travailler.

-Exemple réaliste pour la personne qui souhaite avoir du temps à elle :

•Mieux organiser mon temps et demander l'aide de mon conjoint pour certaines taches afin de me libérer plus tôt.

•T comme temporel :

Quel que soit le type d'objectif que l'on se fixe, celui-ci doit être limité dans le temps sinon, on risque de voir que son projet n'avance pas et ne crée que des dépenses financières et puise dans notre énergie mentale et physique. Il convient donc de définir une certaine contrainte temporelle afin d'engendrer le dynamisme nécessaire à la bonne marche du projet.

-Exemple temporel pour la personne qui souhaite commencer une activité physique :

•Je me donne 3 mois pour réussir à atteindre mon objectif.

-Exemple temporel pour la personne qui souhaite avoir du temps à elle :

▪Dans 4 semaines j'aimerais terminer presque toutes mes soirées avec 30 minutes à moi.

-<u>L'importance du changement</u>

Que ce soit en matière de management, de marketing, de développement personnel ou dans tout autres domaines de la vie, les objectifs S.M.A.R.T confèrent la stratégie à mettre en place. Cela procure des avantages permettant de rester concentrer sur la tâche à accomplir, en suivant le chemin que l'on a prédéfinis du fait que la réalisation du projet repose sur une base solide.

Avec cette méthode, je conseille pour les personnes novices en dépassement de soi de se donner des objectifs à atteindre modestes.

Pourquoi? Parce qu'il sera plus gratifiant au début de cumuler plusieurs petites réussites plutôt que plusieurs gros échecs à répétition. Concentrez-vous sur un objectif plutôt que plusieurs, vous vous sentirez moins dispersé, puis, lorsque vous serez devenus un pro d'objectif à atteindre, foncez pour vous surpasser, cela fait partie de votre développement personnel.

L'importance de ce changement reste toujours le même tout au long de ce livre, c'est le processus. Le faite d'avoir une structure solide construira une motivation solide et inversement, cela permettra d'aller au bout de vos objectifs.

Résumé du chapitre: L'importance des objectifs

-Un bon objectif est un objectif SMART

-Les objectifs vous motivent car ils sont à la fois réalistes et ambitieux.

-Ils sont mesurables et vous indiquent la marche à suivre pour y arriver.

-Ils vous donnent une image précise et claire de ce que vous voulez obtenir.

-Les objectifs matérialisent vos rêves qui deviennent une réalité tangible et accessible.

-Si vous êtes novice, privilégiez des objectifs facilement atteignables.

Questions: Avez-vous des objectifs futurs? Quels sont-ils? Sont-ils réalisables? Dans quel ordre allez-vous procéder pour y parvenir.

CHAPITRE 4

♦ Avoir des rituels ♦

Le rituel permet non de «répéter» de façon stérile une gestuelle immuable, mais de perpétuellement recommencer, la même chose certes, mais indéfiniment nouvelle.

- Françoise Héritier -

Pourquoi l'importance de mettre en place un ou des rituels dans sa vie? Qu'est-ce que cela changerait dans notre façon de vivre? Déjà pour commencer un rituel est un ensemble d'habitudes, que ce soit d'actes, de paroles ou d'objets codifiés de façon spécifique de notre existence. Dans le premier chapitre, on a vu que pour gravir les marches de la pyramide de Maaslow, il fallait remplir un besoin pour passer au niveau suivant et ainsi de suite jusqu'à ce que l'on atteigne le dernier niveau, le plus important,

Motivez-Vous
le pouvoir de se surpasser

celui de l'accomplissement personnel et que le fait de gravir ces niveaux augmentait notre motivation. Mais on a aussi vu que le niveau de l'accomplissement personnel n'est jamais complètement terminé puisqu'il y a toujours quelque chose à entreprendre. Pour progresser régulièrement tout au long de notre vie, il est important de se sentir en confiance afin d'avancer dans nos objectifs à atteindre et de mettre en place des rituels directement liés aux actions que l'on entreprend. Pourquoi est-ce si important de mettre en place des rituels liés à nos actions? Les rituels vont nous permettre de garder cette motivation intacte jour après jour.

Nos objectifs, pour pleinement se concrétiser, on besoin de rituels mis en place sans forcément que l'on sans rende compte, utiliser la même paire de chaussures pour courir ou le même ensemble pour la salle de sport ou encore écouter les mêmes morceaux de musique avant de commencer ce qui nous tient à cœur. On a tous mis en place certains rituels dans notre vie, consciemment ou inconsciemment, ce sont ces rituels qui contribuent au mécanisme de nos actions.

<u>On peut établir la phrase suivant:</u>

Les RITUELS entraînent L'ACTION dirigée vers L'OBJECTIF que l'on veut atteindre.

Les rituels font partis du processus de motivation, c'est avec ces petites décisions de mise en place chaque jour dans votre existence et que vous décidez de répéter à votre rythme que les conditions d'engagement de votre objectif se remplissent. Les rituels ne sont pas le facteur déclencheur de la motivation (nous le verrons dans le chapitre suivant), ce sont des outils qui permettent de se préparer à l'action que l'on va entreprendre pour atteindre notre objectif.

-<u>Un outil à économie</u>

Le fait de mettre en place un rituel pour se conditionner ou rappeler un événement bien précis va nous aider inconsciemment à nous sentir mieux avec nous-même et d'économiser de l'énergie et du temps. Oui mais comment?

C'est très simple, le fait de mettre en place cet outil va vous faciliter la vie de manière programmée car c'est la répétition des gestes ou habitudes que vous mettez en place qui constituent un mécanisme d'auto-pensée. Vous ne pensez plus à ce que vous devez faire puisque vous les faites sans y réfléchir due à la répétition jour après jour de vos gestes. Vous gagnez en énergie, puisque vous n'avez pas besoin de se souvenir à ce que vous devez faire car vous le faites inconsciemment, cela devient facile, et vous gagnez en temps car plus besoin de reprendre les mêmes décisions ou de penser à ne rien oublier puisque vous avez reprogrammé votre cerveau à ne rien oublier grâce au mode de répétition que vous avez mis en place. C'est comme un travail répétitif. Au début on réfléchis aux gestes a effectuer puis plus la répétition s'installe et plus l'on devient performant dans la gestuelle sans y réfléchir d'avantage. Mais pour réussir, il faut avoir un ordre bien précis par lequel commencer et répéter cet ordre chaque jour jusqu'à ce que cela devienne automatique. Prenons mon cas : Le matin, je me lève toujours à la même heure (j'ai pris l'habitude de me lever à 6h00), je passe par la case toilettage puis je prépare mes affaires pour la journée et je m'accorde un moment pour un travail de développement personnel. Ensuite vient le moment du petit déjeuner puis je pratique quelques exercices basés sur le yoga et cela toujours dans le même ordre. Ce petit rituel est devenu une habitude et cette habitude me fait gagner de l'énergie et du temps car je le fait simplement sans bousculer mon esprit.

RITUELS = HABITUDES

HABITUDES = TEMPS + ENERGIE

Il est très important de faire votre petit rituel dans le même ordre dans lequel il a commencé et de ne pas trop s'imposer de contraintes. Comme l'exemple cité plus haut, je suis un ordre précis, je n'intervertis pas la préparation de mes affaires avec les exercices de yoga ou ne modifie l'heure du réveil tous les deux jours. Je pourrais très bien le faire, personne ne m'en empêche mais le problème c'est qu'il faudrait que je repense inconsciemment à ce que je devrais faire sans rien oublier, cela me coûterais de l'énergie et du temps alors que si je ne change rien je suis sûr de penser à tout.

-<u>Les 2 contraintes</u>

Par définition, la contrainte est plutôt en notre défaveur, c'est comme une obligation, une limite qui agit contre notre volonté, on doit se forcer à faire quelque chose que l'on a pas envie. *-Alors pourquoi parlé de contraintes rituels?* Parce que pour moi, il y a deux sortes de contraintes rituels. La première est *la contrainte négative*, c'est à dire celle que vous mettez en place et qui au fil du temps ne fait que vous nuire en vous éloignant petit à petit de votre objectif.

Par exemple, si vous vous imposez une heure de réveil très tôt le matin alors que votre organisme n'est pas prêt pour ce genre d'exercice qui demande beaucoup d'efforts (répétition du levé), cela aura tendance à diminuer votre énergie et vous aurez de plus en plus de mal à vous lever à cette heure, et peut-être serez-vous de mauvaise humeur pour le reste de votre journée. Il faut beaucoup de rigueur et de discipline pour s'imposer un genre d'habitude qui nous corresponds. Si vous êtes ce genre de personne qui n'éprouve aucune difficulté à se réveiller tôt le matin, tant mieux pour vous, vous maîtrisez le rituel de la discipline du matin. Mais si vous êtes cette personne pour qui se lever tôt est synonyme de torture, n'essayez même pas de programmer votre réveil deux ou trois heures plus tôt que votre quotidien, cela serait un échec et toutes autres tentatives ne seraient qu'illusion.

Je vous conseille vivement de revoir vos prérogatives à votre juste valeur. Au lieu «d'essayer» de vous lever trois heures avant, reprogrammez votre réveil avec seulement 10 ou 20 minutes d'avance, tout dépend de votre physiologie. Ainsi votre organisme va mieux assimiler ce nouveau changement et par la suite recommencez l'expérience jusqu'à l'obtention du résultat que vous vous étiez fixé. Trouvez votre rituel et de ce fait vous maîtriserez la discipline par la répétition de celui-ci.

La seconde des contraintes est celle de *la contrainte positive* et c'est de celle-ci que l'on doit mettre en place. Pourquoi? Parce qu'à l'instar de la précédente, la contrainte positive va vous donnez une certaine direction à prendre, je dirais même essentielle à l'obtention de votre objectif. Pour ma part, je distingue trois facteurs importants au sein des contraintes positives qui constituent les bases qui mènent au succès de l'objectif. Les trois facteurs sont : *La discipline, l'exigence et la difficulté.*

▪<u>La discipline</u>

Comme le dit si bien Jim Rohn (conférencier et écrivain), «La discipline est le pont entre les objectifs et les réalisations». Pour ma part, je considère que la base de la discipline est l'énergie. C'est elle que vous allez déployer en premier, vous en avez besoin, sans énergie de départ il n'y a pas de discipline finale.

Suivez mon raisonnement, vous produisez votre matière première, l'énergie, que vous allez transformer en concentration et celle-ci établie votre discipline.

"***L'ENERGIE*** se transforme en ***CONCENTRATION*** pour s'établir en ***DISCIPLINE*** qui vous focalise sur votre ***OBJECTIF***"

Plus vous déployez de l'énergie à votre objectif et plus vous serez concentré sur vous-même et plus vous instaurez de la discipline qui vous permettra de rester focalisé sur ce même objectif.

Pour rester sur la discipline il y a un livre que je trouve intéressant écrit par Chris Mc Chesney, Sean Covey et Jim Huling qui s'intitule : *«Les 4 disciplines de l'exécution»*. En voici les règles :

▪La première règle est de se concentrer sur les choses primordiales. En clair, plus vous essayez d'en faire, moins vous en faites. Plus vous avez d'objectifs, moins vous en ferez. Il faut trouver votre objectif clé si vous en avez plusieurs en tête et se focaliser dessus. Comment trouver votre objectif clé? C'est celui qui a le plus d'importance à vos yeux et très généralement celui qui nous demande le plus gros effort.

Concentrez toute votre énergie sur cet objectif pour maximiser les résultats et faites-le morceau par morceau comme une tarte aux pommes. Personne n'arrive à manger une tarte aux pommes d'une seule bouchée, et pourtant si vous la découpez en 6 parts égales et que vous commencez à manger une part chaque jour, il en va de soi que cette tarte sera mangée au bout du sixième jour. Vous aurez vaincu la tarte aux pommes.

▪La seconde règle est la discipline de l'effet de levier qui se base sur le principe que toutes les actions ne sont pas égales entre elles. Lorsque vous mettez en place des actions pour atteindre l'objectif que vous vous êtes fixé, certaines d'entre elles sont plus efficaces que d'autres et c'est celles-ci que vous devez identifier et sur lesquelles vous devez agir. Vous les identifiez pour permettre de progresser et vous agissez pour atteindre le succès . C'est une manière assez simple de voir la progression du projet.

▪La troisième règle consiste à tenir un tableau du score, c'est la discipline de l'engagement. Tenir à jour une fiche de scores (vos résultats) modifie le comportement puisque l'émotionnel est engagé. On sait avec les résultats ainsi obtenus si l'on progresse ou non, ce qui apportera plus d'engagement de notre part.

▪La quatrième règle est celle de la responsabilité. Cette règle indique que l'exécution se passe réellement. Faites le point à un moment donné dans la journée, et par exemple chaque semaine, faites un point global sur l'avancement de votre but en passant en revue les résultats obtenus en les interprétants dans un tableau sous forme d'une courbe ou d'un graphique.

Peu importe, du moment que vous ne le faite pas à contre cœur.

▪**L'exigence**

l'exigence est notre deuxième facteur des contraintes positives. Elle est une nécessité qui aiguille notre motivation, sans une certaine exigence nous n'avançons et n'allons pas vraiment vers notre but. On ne peut demander à chacun les mêmes choses, ce serait nier l'individualité. Moduler l'exigence avec ces capacités pour aider à la pleine satisfaction de soi et éviter une source de mécontentement due à une exigence trop élevée.

EXIGENCE MODULÉE

=

SATISFACTION DE SOI

Être trop perfectionniste avec soi ne mène qu'au mécontentement qui est le défaut d'une haute exigence de soi pour lequel rien n'est jamais assez bien. Comme l'a si bien dit Saint Exupéry : «Il faut exiger de chacun ce que chacun peut donner», donc exiger de chacun ce qu'il peut donner, c'est forcément s'orienter vers le meilleur que chacun puisse donner. On prend en compte les possibilités réelles de chacun et non des repères que l'on fixe au hasard par ses propres estimations de ses prétendues performance. Établir des exigences raisonnables est une stratégie efficace qui permet de garder le contrôle sur les défis que l'on se pose.

▪<u>La difficulté</u>

J'entends par là, la difficulté de l'effort pour arriver au but que l'on s'est donné. La réussite de ses objectifs passe par une certaine difficulté qui est proportionnelle à la hauteur de ceux-ci. Plus la vision de son rêve est grande, plus dure sera la concrétisation de celui-ci. Il y a toujours une forme de difficulté dans la réalisation de nos rêves, une sorte de souffrance devant les actions à mettre en place et un sentiment de pression (allons-nous y arriver) face à nos objectifs. Cela peut être une difficulté physique (courir un marathon, l'ascension d'un sommet) mais aussi une difficulté mentale (problème de concentration, sensation de fatigue). Un objectif trop facile est sans doute un objectif non abouti.

Cherchez une forme de difficulté, ressentez la douleur dans l'effort et celui-ci n'en sera que plus grand à vos yeux. Plus grande sera cette souffrance et plus grande sera la satisfaction de l'accomplissement.

Résumé du chapitre: Les bonnes habitudes à prendre

-Les rituels engendre l'action

-Créer un ensemble d'habitudes fait économiser du temps et de l'énergie.

-La discipline est régie par quatre règles essentielles pour être maîtrisée.

-Les trois contraintes positives sont : La discipline, l'exigence et la difficulté.

-Plus grande est la souffrance de l'effort, plus grande sera la satisfaction de l'accomplissement.

Questions : Allez-vous mettre en place des rituels dans la semaine qui suit? Si oui, quels seront ces rituels et dans quel ordre allez-vous procéder? Est-ce que les rituels mis en place vous aident dans votre démarche?

Motivez-Vous

le pouvoir de se surpasser

Partie 3 : Les principes de la motivation

CHAPITRE 5

◆ Générer sa motivation ◆

*Croyez en vos rêves et ils se réaliseront
peut-être. Croyez en vous et ils
se réaliseront sûrement.*

- Martin Luther King -

Avant de commencer ce livre, intéressons nous à certaines personnes «expérimentées» sur le sujet qui définissaient le terme de motivation et à vrai dire, ça part un peu dans tous les sens. Si vous entreprenez de faire des recherches, vous le constaterez immédiatement. Une personne prétend que la motivation engendre la motivation, ce qui est vrai mais elle ne définit pas le point de départ, comment générer sa propre motivation. Une autre personne explique que la motivation provient d'une envie, une autre

Motivez-Vous
le pouvoir de se surpasser

personne d'un besoin. Donc si j'ai envie ou besoin d'uriner, je suis motivé, ça y est j'ai trouvé ma source de motivation, à chaque fois que je pisse! Sans blague! Oui la réalité est un peu dure.

La motivation est régie par une force bien plus grande que celle de l'envie ou du besoin, nous le verrons plus loin mais pour l'instant, laissez-moi finir tant il y a de définitions sur ce phénomène. Une personne explique comment se motiver au travail, d'autres, comment se motiver dans la vie. Une autre, comment se motiver pour faire l'entretien dans sa maison, comment motiver nos gamins à réussir financièrement.

Tous de véritables professeurs dans leurs domaines! Elles parlent d'efforts, d'ouverture d'esprit, de notion de satisfaction et ont en partie raison, mais tous cela reste vague et ne définit en rien la notion de départ de cette sensation motivante qui sommeille en chacun de nous. Mais arrêtons-nous un court moment sur ce qui bloque notre énergie motivante.

-<u>Les ennemis naturels</u>

●*La procrastination*, voilà le premier ennemi de la motivation. C'est ce qui vous pousse à remettre les actions d'un domaine précis de votre vie quotidienne au lendemain. Soit parce que quelque chose vous distrait (télévision, téléphone, médias sociaux), soit que vous hésitez (par quoi je commence? Comment je m'y prends?), soit que vous êtes perfectionniste (suis-je vraiment prêt à le faire maintenant?) ou tout simplement que vous n'en avez pas le désir.

Quelles solutions adopter contre la procrastination? Je ne me considère en aucune façon que ce soit pour un spécialiste dans le domaine mais après avoir fait un diagnostic sur le développement de mon travail, je peux vous énumérer quelques plans d'actions qui me semblent appropriés sur le sujet.

▪Les 4 plans d'actions

-Segmentez la tâche, si l'envergure du projet vous dépasse, découpez-le en plus petites tâches ainsi le projet vous semblera plus facile.

-Planifiez un temps pour chaque tâche, si vous accordez X temps à votre projet Y, cela permet d'être plus efficace et concentré.

-Stoppez toute source de distraction, cela va accroître votre concentration, vous commencez à être plus productif et j'en sais quelque chose.

-Voir l'accomplissement de ce qui a déjà été réaliser, s'accorder du temps pour porter un regard sur ce que l'on a accompli.

J'utilise ces quatre plans d'actions au

quotidien, cela m'apporte l'aide nécessaire à la réalisation de mon projet. Je les classe dans cet ordre : j'arrête toutes sources de distraction puis je segmente la tâche, je planifie un temps de travail et enfin je visualise ce qui est accompli.

J'espère de tout cœur que ces quatre plans vous seront d'une certaine utilité. Voici un conseil si vous n'avez pas le temps ni l'envie de réaliser dans l'ordre ses quatre plans, privilégiez le troisième qui est pour moi capital. La ou les source(s) de distraction(s) sont et seront toujours néfastes pour votre projet, cela bousille votre concentration, elle s'en trouvera grandement diminuée.

●*Les croyances limitantes* sont des barrières que notre esprit à crée en interprétant la vision comme si l'on était incapable d'accomplir certaines tâches. Ces croyances proviennent le plus souvent de notre éducation, d'expériences passées (que ce soit familial ou lié à nos échecs). Ces croyances empêchent de faire ce que l'on veut vraiment en bridant notre ambition par des pensées négatives de nous-mêmes et on aura tendance à trouver des arguments pour les justifier.

Voici quelques expressions types de croyances limitantes basées sur la motivation :

-J'aimerais bien faire ça, *mais*....

Motivez-Vous
le pouvoir de se surpasser

-Je suis *trop âgé(e)* pour le faire.

-Je n'y arriverai *jamais*.

-Je n'ai pas *le droit* à l'erreur.

-On n'a rien *sans* rien.

-Je ne suis *pas assez* sportif pour le faire.

-Mes parents ou amis ne me laisseraient *jamais* faire.

Comment combattre ses croyances limitantes? Je vais l'expliquer à travers deux points.

▪Le repérage

Cela me semble un bon point de départ, si vous ne les repérez pas, comment s'en débarrasser? Il faut inverser le comportement négatif en reflet positif, exemple : «j'aimerais bien apprendre la danse mais je manque de souplesse»

Cela doit se traduire par «Il faut que je travaille ma souplesse par des cours pour m'exercer à la danse plus facilement. Votre rêve de danser devient un objectif atteignable.

▪La méthode Coué

C'est la maîtrise de soi-même par

l'autosuggestion

Répétez une phrase (positive) en boucle afin que votre subconscient l'enregistre et l'intègre comme une vérité absolue.

-Exemple : A chaque fois que vous pensez ou dites «Je ne vais pas y arriver» changez ceci en «Je vais finir par y arriver», répétez jusqu'à ce que vous soyez débarrassé de la négativité dans votre comportement d'agir ou de penser.

Changez une habitude par une nouvelle n'est jamais facile, accrochez-vous.

On vient de voir ensemble les actions de démotivation, maintenant je vais tenter de vous expliquer (après tout c'est mon rôle) les deux types de motivations que l'on nomme motivation intrinsèque et motivation extrinsèque. Ces deux types de motivation sont basées sur une théorie selon laquelle on fait la distinction entre celles-ci suivant que ce soient "imposées" ou non. Que ce soit un fait établi ou une théorie, j'essaye d'apporter au lecteur tout au long de ce livre un maximum d'informations et de points de vue afin d'avoir une approche globale du concept de la motivation. Il en va de soi que mes recherches n'ont pas tout retenu de certains dires restant vagues sur le sujet mais seulement les plus intéressants de par leurs côtés tangibles et palpables. Voilà c'est dit, comme ça tout est clair entre nous. Reprenons.

•<u>La motivation intrinsèque</u>

L'action est conduite uniquement par l'intérêt et le plaisir que l'individu trouve dans celle-ci, sans attente de récompense externe. Il y a trois sous-catégories de motivation intrinsèque que l'on aperçoit dans le cadre de la théorie.

•La motivation intrinsèque propre *aux stimulations* dans laquelle la personne se motive grâce aux sensations fortes qu'elle éprouve au sein de ses activités professionnelles (artiste de cirque, cascadeur, pilote de chasse, secouriste en montagne...).

•La motivation intrinsèque propre à *la connaissance* dans laquelle la personne trouve sa motivation dans le plaisir d'apprendre de nouvelles choses à travers son activité (chercheur, enseignant, médecin spécialisé, mathématicien, professeur d'art...).

•La motivation intrinsèque propre *à l'accomplissement* dans laquelle la personne a le sentiment de motivation dans la réalisation de défis (lire plusieurs livres en un temps donné, courir un marathon...).

Tout ceci se regroupe dans la régulation intrinsèque qui correspond à la définition initiale de la motivation.

•<u>La motivation extrinsèque</u>

L'action est provoquée par une source extérieure à la personne (récompense, approbation d'une tierce personne, pression sociale...). Il existe plusieurs types de sous-catégories de la motivation extrinsèque intitulée également régulation.

▪L'absence de régulation ou *a-motivation* est tout simplement l'absence complète de motivation.
-Exemple pour le suivi d'une formation : Je ne vois vraiment pas en quoi cette formation peut m'aider dans ma vie de tous les jours.

▪La *régulation externe*, le comportement de l'individu est régi par des sources de contrôle extérieures à celle-ci comme une contrainte imposée ou une récompense.
-Exemple pour le suivi d'une formation : Je ne veux pas contrarier mes proches qui veulent que je suive cette formation.

▪La *régulation introjectée*, la personne commence à intérioriser les contraintes externes notamment en se culpabilisant. L'action n'est pas librement choisie puisque la personne agit pour éviter une conséquence déplaisante en s'imposant la culpabilité.

Motivez-Vous
le pouvoir de se surpasser

-Exemple pour le suivi d'une formation : Le fait de se sentir mal avec soi-même de ne pas poursuivre cette formation.

•La *régulation identifiée*, même si l'activité est réalisée à des fins externes, elle devient importante pour la personne qui se valorise en s'identifiant à celle-ci.
-Exemple pour le suivi d'une formation : J'aimerais suivre une formation pour apporter des changements dans ma vie.

•La *régulation intégrée*, l'action est cohérente avec le concept de soi de la personne, qui s'approprie cette action en trouvant d'autres sources d'auto-motivation complémentaires liée à la source externe originaire de l'action.
-Exemple pour le suivi d'une formation : Je sens qu'à travers cette formation, je peux prendre la responsabilité de faire des changements dans ma vie.

•La *régulation intrinsèque*, l'action est conduite uniquement par l'intérêt et le plaisir que la personne trouve à l'action, sans attente de récompense.
-Exemple pour le suivi d'une formation : Je ressens du plaisir lorsque je suis totalement absorbé dans cette séance de formation.

Ces différents types de motivation se

distinguent entre elles au niveau du degré d'autodétermination qui les accompagne. Voici un schéma qui illustre le niveau d'auto-détermination :

+ d'auto-détermination

Motivation — [Régulation Intrinsèque
Intrinsèque

Motivation — [Régulation Intégrée
extrinsèque   Régulation Identifiée
               Régulation Introjectée
               Régulation Externe

A-motivation — [Absence de Régulation

- d'auto-détermination

La motivation intrinsèque correspond au degré le plus élevé d'auto-détermination car elle fait appel au comportement émis librement et par le plaisir. En revanche, pour ce qui est de la motivation extrinsèque par régulation externe, on voit très nettement l'auto-détermination presque inexistante puisque des pressions extérieures sont directement à la base des comportements.

On peut analyser le schéma précédent pour l'évaluer en pourcentage de motivation.

100% de motivation ---> Régulation Intrinsèque

80% de motivation ----> Régulation Intégrée

60% de motivation ----> Régulation Identifiée

40% de motivation ----> Régulation Introjectée

20% de motivation ----> Régulation Externe

0% de motivation ----> Absence de régulation

On voit très nettement que la régulation intrinsèque indique le plus haut degré de motivation lié à l'émotion du plaisir.

Émotion du plaisir = Motivation à 100%

Pour répéter cette action autant de fois que vous le désirez il suffit de rajouter les rituels comme cité dans le chapitre 4, voici la nouvelle formule :

Rituel + Plaisir de l'Action = Motivation Répétée

- <u>Les valeurs de motivation</u>

Éprouver du plaisir en réalisant une action se ressent en nous insufflant de l'énergie que l'on transforme en motivation.

Plaisir -> Énergie -> Motivation

Une pleine motivation sera toujours régie par nos émotions contribuant aux facteurs motivants. Plus l'émotion est forte et plus notre motivation grandira. On peut s'amuser à trouver des sources de facteurs environnementaux (source de plaisir) qui correspondent à des valeurs de motivations, exemple : un morceau de musique peut être un facteur de motivation, tout comme le temps qu'il fait dehors (un soleil radieux), ou gagner plus d'argent.

Rien n'empêche d'établir un tableau sur ces facteurs:

Facteurs	Valeurs
Musique	
Dépassement de soi	
Le temps qu'il fait	
Une vidéo engageante	
Soutient familiale	
Établir des défis	
Le travail	
Épanouissement personnel	
Compétition	
Avoir de l'ambition	

On a la colonne des facteurs à gauche (j'en ai mis dix mais rien n'empêche d'en rajouter), puis la colonne des valeurs à droite qui représente l'importance que l'on accorde pour chaque facteur. On représente cette valeur en lui attribuant une note comprise entre 1 et 10. Par exemple : si le temps a le plus d'importance à vos yeux, mettez le chiffre 10 dans la colonne des valeurs, si vous pensez que la musique correspond à une note de 8/10 en facteur motivant alors inscrivez le chiffre 8 dans la colonne des valeurs, si le soutient de la famille

Motivez-Vous
le pouvoir de se surpasser

représente une note de facteur motivante de 7/10 alors inscrivez dans la colonne correspondante le chiffre 7, 9/10 pour l'épanouissement alors inscrivez 9. Maintenant votre tableau devrait normalement se représenter de cette manière :

Facteurs	Valeurs
Musique	8
Dépassement de soi	
Le temps qu'il fait (soleil)	10
Une vidéo engageante	
Soutient familiale	7
Établir des défis	
Le travail	
Épanouissement personnel	9
Compétition	
Avoir de l'ambition	

On a une meilleure représentation de nos facteurs motivants (je rappelle que les facteurs font partis du processus de motivation, les facteurs additionnés de nos émotions conduisent à notre motivation). La musique obtient la note de 8/10, le temps 10/10, la famille 7/10 et l'épanouissement personnel 9/10 et ainsi de suite pour les autres facteurs. Rien n'empêche de cumuler plusieurs facteurs. Si l'on prend la musique et le temps, on obtient la note de 18/20 pour les deux facteurs, si vous cumulé trois facteurs la note sera sur 30 et ainsi de suite. Là où je veux en venir c'est de représenter cette note en pourcentage pour connaître de façon concise le taux de ces facteurs. La note de 8/10 de la musique devient alors 80%, le temps de 100%, le soutient de la famille 70%, l'épanouissement obtient 90%, la note de 18/20 des facteurs de la musique et du temps représentent 90%.   L'ajout de plusieurs facteurs peut grandement aider à trouver sa motivation dans un laps de temps court.

J'espère que ce petit "jeu" vous aide à mieux comprendre la structure afin de trouver votre source de plaisir. La culture est une grande source d'inspiration. Un soir, ma femme et moi regardions un film traitant une histoire vrai d'un esclave noir dans le sud de l'Amérique et du combat pour sa survie . Un film déchirant et poignant prenant aux tripes. C'est pendant le film que j'ai compris cette part de motivation que ce courageux esclave tenait dans son cœur. Cette motivation il l'a tenait de ses racines ancestrales. Retrouver ses racines culturelles peut être un bon moyen d'auto-motivation car c'est une source de plaisir intense.

On a vu que le plaisir dans l'action nous procure une grande source de motivation mais (parce qu'il y a toujours un *mais* quelque part), il existe selon moi une émotion qui dépasse celle du plaisir, une émotion capable de nous transcender pour nous élever à être quelqu'un d'exceptionnel.

-<u>**Atteindre l'excellence**</u>

On remarque, que ce soit par la presse ou les médias, des personnes qui excellent dans un domaine en particulier, des personnes possédant un grand pouvoir motivant. Cela représente un faible pourcentage de la population, alors comment ces personnes font-elles pour se dépasser de la sorte et faire la différence? On a vu que l'émotion du plaisir nous faisais ressentir cette motivation à 100%.

Est-ce que ces personnes possèdent des super-pouvoirs?

-A vrai dire j'en doute.

Leur pouvoir motivant est-il régie par une autre émotion?

-Certainement.

Existerait-il une source d'émotion capable de surpasser le plaisir?

-Je pense que nous visons juste.

Quand nous apercevons des personnes réussissant des actes exceptionnels (dans la performance ou leur réussite fulgurante), il s'en va de soi que ces personnes ont un potentiel motivant exceptionnel. Je parle de motivation supérieure au 100% de la majorité de la population qu'elles peuvent obtenir. Cette excellence dans la motivation est dirigée par l'émotion de la **passion**.

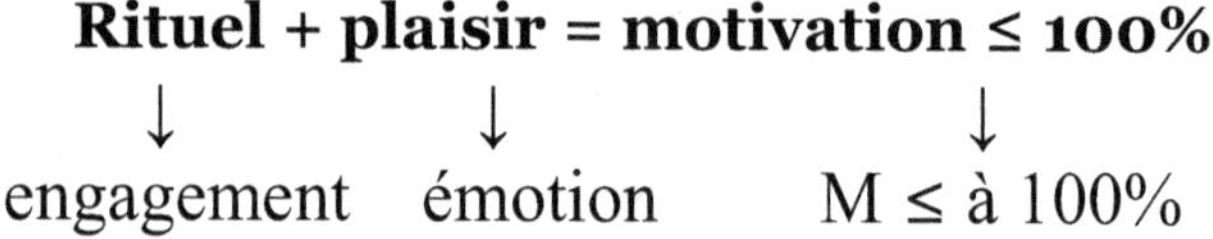

Rituel + plaisir = motivation ≤ 100%

engagement   émotion   M ≤ à 100%

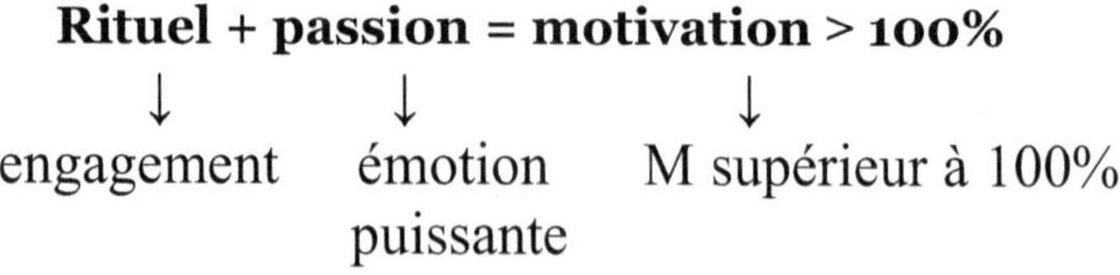

Rituel + passion = motivation > 100%

engagement   émotion   M supérieur à 100%
                puissante

Dans quelles catégories êtes-vous, celle des personnes moyennes ou celles des personnes exceptionnelles? Il est tout à fait possible de dépasser les 100% de motivation, et ne laissez surtout pas une autre personne vous dire le contraire (croyance limitante). Car nous ne sommes après tout aucunement des machines programmées pour ne pas dépasser une donnée informatique sous peine de voir une rupture de son mécanisme. Nous sommes des êtres humains et détenons le pouvoir des émotions, et ce pouvoir c'est l'art de se surpasser. Faîtes une chose à 100% et vous obtenez 100% de résultat, faîtes la même chose répétée mais avec passion et vous obtenez un meilleur résultat. Vous avez donc dépassé les 100% du résultat précédent, vous venez de franchir les portes de l'excellence.

Quand on regarde avec attention ce qui se passe lorsqu'un athlète bat son propre record, il laisse s'échapper une forte émotion de joie par des cris et des bras montés vers le ciel, et tout ceci vient du processus de motivation qui est de répéter un acte en gardant la même passion jour après jour.

C'est à vous seuls qu'appartient d'être une personne exceptionnelle, il suffit juste de se bouger le cul pour trouver la passion dans l'acte qui précède l'action. Ressentez ce pouvoir et voyez comme vous êtes devenu fort.

Résumé du chapitre: La motivation de l'excellence

-Les deux grandes ennemies de la motivation sont la procrastination et les croyances limitantes.

-Il existe deux types de motivation : La motivation intrinsèque et extrinsèque.

-La motivation intrinsèque génère le plus haut niveau d'auto-détermination en faisant appel à l'émotion du plaisir.

-On peut trouver des valeurs de motivations liées à des facteurs environnementaux.

-Le schéma de motivation d'une personne moyenne est régi par le plaisir, le schéma de motivation d'une personne exceptionnelle est régi par la passion.

-Une personne exceptionnelle peut dépasser les 100% de motivation.

-C'est à vous seuls qu'appartient d'être une personne exceptionnelle.

Questions: Avez-vous trouvé votre facteur motivant et quelle est votre degré d'auto-détermination? Êtes-vous à présent une personne avec un pouvoir motivant supérieur à la moyenne? Ressentez-vous du bonheur à présent?

CHAPITRE 6

◆ Passer à l'action ◆

*Une caractéristique des gens
qui ont du succès, est qu'ils sont orientés
vers l'action. Une caractéristique des gens
moyens, est qu'ils sont orientés vers les paroles.*

- Brian Tracy -

C'est l'étape cruciale, il s'agit de mettre en pratique ce pour quoi on a décidé de changer ou simplement de s'améliorer dans un domaine en particulier. On sait ce que l'on veut faire et aussi ce que l'on ne veut pas, on a nos petites habitudes qui créent en nous le système de démarrage de notre véhicule, puis on appuie sur notre embrayage grâce à notre passion et puis.....plus rien! On n'arrive pas à enclencher la première.

Toute cette préparation pour ne plus rien faire, vous vous foutez de moi!

Certains diraient, soit on passe à l'action,

soit on ne fait rien, c'est soit l'un soit l'autre et vous avez tout à fait raison, si l'on décrivait seulement la surface visible de l'iceberg. Même pour une personne qui passe à l'action il n'est pas certain qu'elle la face jusqu'au bout. Vous pouvez commencer votre action sans jamais terminer votre projet, et croyez-moi sur parole, pour le voir assez souvent à travers le comportement de certaines personnes. Et c'est ça le truc. Observez le comportement de ceux qui réussissent de ceux qui ne réussissent pas. Il y à forcement des différences de réussite comportementale entre ces personnes. En analysant les différences de comportements, on observe dans une très grande majorité des cas que la réussite d'une personne est liée à l'accomplissement de l'action pur. Mes recherches font états de sept types de situation dans le comportement allant d'un état passif à un état productif, tout en les accompagnant de conseils pour vous aider à surmonter l'étape de l'action si vous en ressentez le besoin. A vous de me dire parmi ces descriptions, la personne que vous pensez être.

▪La personne qui ne peut se décider à passer à l'action. Cette personne est en recherche constante de conseils, elle en reçoit de différentes personnes qui a pour but de compliquer sa prise de décision de passer à l'action et donc finit par ne plus rien faire. Ainsi, ce type de personne laisse passer des occasions de se lancer dans l'action et au fond d'elle se sent malheureuse de cette monotonie. Elle ne croit pas possible de créer son propre avenir, de vivre pleinement sa vie sans les conseils d'autres personnes.

Conseil d'ami : *Commencez par vous fixer un objectif à court terme, un objectif facilement réalisable. Cela doit être une envie car l'envie va vous donner le désir de le faire et le désir procure une sensation de bien-être. Si vous vous sentez bien, la décision d'entreprendre viendra naturellement frapper à la porte.*

▪La personne qui a peur de passer à l'action. La peur est tout à fait légitime, c'est une émotion puissante au même titre que la passion, ce qui a des effets de neutralité. Vous êtes passionnez et en même temps vous ressentez la peur, il y a donc une neutralité qui s'instaure, il ne se passe rien. La peur de l'échec est un exemple frappant. Qui ne sait pas dit une fois dans sa vie qu'il n'allait pas réussir ou que c'était impossible? On sait ce que l'on veut mais d'un autre côté on a peur d'échouer. Une autre peur est celle du ridicule, cette sensation universelle qui s'accroît en même temps que nous-mêmes. On a un projet à travers lequel vient s'exprimer une émotion qui est entachée par la crainte de se sentir ridicule dans l'accomplissement de ce projet.

Conseil d'ami : *L'échec est inévitable,*

vous devez l'admettre comme une possibilité, l'échec n'est en rien une finalité. Changez la perception que vous avez de cette peur, elle ne doit pas vous freiner, elle doit vous apporter une source d'énergie utile à votre projet. Je ne connais pas la recette miracle vu que c'est vous-même qui créez cette émotion. C'est à vous d'inverser la tendance. Mais je sais une chose sur la peur, c'est lié à un manque de confiance en soi, alors relisez le chapitre 2 si vous en manquez et combattez-là.

▪La personne qui se décide mais se laisse influencer. Au moment de passer à l'action, cette personne se laisse influencer par une présence extérieure. Elle écoute les autres en choisissant de mettre en pratique leurs conseils et oublie de se concentrer sur son propre objectif. Cette personne vit souvent de la colère face à elle-même car, tout en sachant ce qu'elle désire faire pour concrétiser son objectif, elle se rend compte que ce sont les désirs des autres qui deviennent prioritaires et non le sien. Son désir n'est jamais assouvit et elle le sait au plus profond d'elle-même.

Conseil d'ami : *Renforcez vos convictions en vous demandant pourquoi vous devriez plutôt faire une chose différente de la vôtre? Rendez ces convictions plus fortes en vous documentant sur le sujet que vous recherchez, ce qui renforcera votre état d'esprit* *et cherchez des personnes qui pensent comme vous. Prenez vos propres décisions et osez dire «non» pour prendre le contrôle de celles-ci.*

▪La personne qui sait ce qu'elle veut et décide qu' « un jour » elle le fera. Un jour je le ferai vraiment, un jour je commencerai à le faire, un jour je vais partir. Ce type de personne parle généralement au futur ou au conditionnel. Elle a une ou plusieurs peurs qui l'empêchent de passer à l'acte immédiatement. Elle ne vit pas le moment présent en parlant sans cesse de ce qu'elle fera un jour, peut-être craignant de voir se renouveler une expérience désagréable liée à son passer. C'est pour cette raison qu'elle remet à plus tard la réalisation de son projet.

Conseil d'ami : *Avoir un projet qui nous passionne pour lequel vous ne voyez pas le temps passer. Ainsi vous avancerez sur votre projet. Tenez un agenda ou vous notez les actions importantes à vos yeux et réalisez-les immédiatement. Demandez-vous chaque jour si vous avez bien rempli ces actions. Relisez le sous-chapitre "les ennemies naturels" du chapitre de la motivation avec "les 4 plans d'action" qui vont vous aider à décomposer le projet pour le rendre plus facile et améliorer votre concentration.*

▪La personne qui ne décide pas ce qu'elle veut et qui agit beaucoup. Cette personne agit par devoir pour faire plaisir aux autres avant son bien-être, elle pense que c'est bien d'agir de la sorte. On reconnaît cette attitude de peur chez la personne s'éparpillant en disant "oui" à tout et n'importe quoi. Elle n'arrête jamais un projet en cours, elle va jusqu'au bout même si celui-ci est néfaste pour elle, se forçant à continuer, même si consciemment sa décision ne la mène nulle part. C'est aussi le genre de personne qui se croit la seule responsable du bien-être et du bonheur de tous ceux qu'elle croise ou qui l'entoure, elle ne s'arrête pas pour se demander si ses actions répondent à ses besoins ou directement à son bien-être. Elle se retrouve piégée dans un tourbillon de tâches qu'elle s'est elle-même imposée.

Conseil d'ami : *Recentrez-vous sur vous-même et demandez-vous quelles actions répondent réellement à votre bien-être intérieur. Reprenez le contrôle de vous-même en effaçant les influences des éléments externes. Il y a certainement un manque de confiance en soi, pour y remédier, changez l'estime que vous avez de vous-même (chapitre 2).*

▪La personne qui décide, passe à l'action mais qui stop en cours de route. Elle lâche tout en cours de route parce qu'elle ne croit pas mériter le succès ou le bonheur qui va avec son projet final. Elle s'impose des conditions sans vérifier ses limites de réalisation, surestimant ses capacités de finir l'action jusqu'au bout. Cela peut être une personne cherchant à peaufiner le moindre détail jusqu'à atteindre la perfection et fini par se décourager par peur des critiques ou reproches qu'elle pourrait entendre sur son projet. Elle tentera donc de se justifier d' excuses et d'expliquer le pourquoi de cette abandon soudain.

Conseil d'ami : *La perfection n'existe pas, le perfectionniste est trop exigeant et critique avec lui-même. Vous ne serez jamais satisfait de votre travail puisque celui-ci ne sera jamais accompli à la perfection. Entourez-vous de personnes rassurantes et ne portant aucun jugement envers vous. N'oubliez pas que votre objectif, pour qu'il soit réalisable, doit être un objectif SMART (chapitre 3).*

▪La personne qui est décidée, passe à l'action jusqu'à l'aboutissement. Cette personne a compris toutes les notions de l'objectif pour que celui-ci soit rempli. Elle a une liste d'actions prédéfinis qui sert de carnet de route à son projet pour qu'il soit mené à terme. Elle sait où elle doit aller et ne se laisse pas influencer ou déconcentrer par des personnes négatives. Elle est décidée et motivée et prend son ouvrage très à cœur, elle ne connaît pas la peur de l'échec, au contraire cela l'encourage dans ses prises de positions.

Conseil d'ami : *Le seul ennemi que vous*

Motivez-Vous
le pouvoir de se surpasser

pouvez rencontrer est celui de l'ego. Dire à qui veut bien l'entendre que vous avez déjà fait ceci ou cela et que l'autre personne n'a rien de concret dans sa vie, (je suis mieux que lui par exemple). Restez humble avec les autres, chaque personne est différente et n'oubliez pas la gratitude de ce que vous avez accompli chaque jour dans votre vie.

Avez-vous trouvé à quel type de personne vous appartenez? Tant mieux. Je suis convaincu que les conseils d'ami vous ont apportés de l'aide pour modifier ou améliorer certain comportements. Malgré tout ce que l'on vient de voir, pourquoi est-il si difficile de passer à l'action?

-<u>La difficulté de l'action</u>

Nous sommes tous plus ou moins affectés à éprouver de la difficulté pour passer à l'action, même si cela doit nous rendre plus heureux et plus grand. Alors est-ce si difficile de nous bouger et d'aller de l'avant? Pourquoi certains d'entre nous expriment de la difficulté à la réalisation de celui-ci? L'action est-elle la récompense du bonheur? Une première réponse est que pour atteindre le bonheur il faut une certaine dose d'effort. On a tendance à emprunter la voie de la facilité plutôt que

Motivez-Vous
le pouvoir de se surpasser

d'entreprendre les actions qui rendent la vie plus enrichissante et plus heureuse. Freud, avec sa vision assez pessimiste de la nature humaine, soutenait même que le malheur est la condition par défaut de l'être humain, tout simplement parce qu'il faut moins d'efforts pour être malheureux que pour être heureux!! Cela demande une réflexion de notre part.

Cependant une autre partie de la réponse se trouve dans le fait que l'on se cache derrière des excuses, c'est n'est jamais vous c'est l'autre! C'est à cause d'untel. Chacun peut trouver mille excuses pour ne pas passer à l'action dans le seul but d'échapper à la difficulté de l'effort. Il y a là un manque de responsabilité de notre part. Il n'en demeure pas moins que les personnes qui éprouvent un bien-être profond ont décidées, à un moment donné, de se responsabiliser en prenant leur existence en main, en agissant sur leur destin. Éprouver un sentiment de contrôle sur notre environnement nous fait ressentir un sentiment de bien-être. Donc il est de notre devoir d'alimenter ce sentiment en exerçant consciemment notre pouvoir enfui, celui de décider.

Nos vies sont trop souvent riches en souhaits mais pauvres en décisions.

-<u>L'intention fait l'action</u>

Décider de commencer par quelque chose est la plus importante des étapes. Il ne sert à rien dès le début de planifier son plan d'action du début jusqu'à la fin. Vous risquez deux contraintes liées à la planification complète de votre plan d'action. La première est le risque d'être découragé face à la grandeur de la tâche et la deuxième contrainte est celle de perdre le contrôle de celui-ci. Tracez les grandes lignes et laissez-vous guider en cours de route par votre motivation, les idées viendront au fur et à mesure comme ces mots sur cette page.

Schéma de l'action

Motivation + Intention = Action

↓

Plan d'action

Si vous n'avez pas l'intention d'établir un plan d'action, votre schéma d'action ne fonctionnera pas. Être motivé et avoir l'intention d'entreprendre sont les deux facteurs qui mènent à l'action. Il est tout à fait possible que le sentiment de désir peut nous faire ressentir ce passage à l'action mais celui-ci ne relève pas du champ pratique, alors que notre intention, si.

Nous pouvons désirer des choses qui

Motivez-Vous
le pouvoir de se surpasser

échappent à notre contrôle alors qu'il est impossible d'avoir l'intention de faire une chose irréalisable. Le désir est porteur de phénomènes d'états alors que l'intention est principalement axée sur l'action. Dans le premier, on décrit ce que l'on souhaiterais, faite d'une image correspondant à un désir profond, le second nous conduit à agir. Le schéma ainsi constitué, vous avez tout le potentiel pour vous donner une raison d'agir.

"L'intention est l'interprétation de la raison d'agir, la raison d'agir est la justification de l'action."

$$\text{Intention} \rightarrow \text{Raison d'agir} \rightarrow \text{Action}$$
$$\downarrow \qquad\qquad\qquad \downarrow$$
Interprétation   Justification

On a tous des intentions qui nous donnent des raisons d'agir. De mauvaises intentions sont basées sur de mauvaises raisons (personne médisante...) qui conduiront à une mauvaise action. Les bonnes raisons résultent de bonnes intentions (rendre heureuse sa famille...) et se transforment en bonnes actions.

Certaines personnes découvrent trop tard que leur raison d'agir, leur justification n'était pas en corrélation avec leur intention de départ et se retrouvent dans des situations qui leurs échappent complètement. Vous pouvez le constater par vous-même, au regard de personnes de par leurs actions négatives. La négation n'est en rien une justification mais agir avec sagesse et discernement l'est. Pensez de votre action au présent comme le résultat futur. Que deviendront les actions que vous faites à l'instant. Quelles répercutions pour vous?

Résumé du chapitre : L'intention de l'action

-Il existe 7 types de comportements personnels liés à l'action.

-La voie de la facilité ne correspond pas à la ligne de conduite qui mène à l'action.

-Le bonheur demande une certaine dose d'effort.

-Les excuses vous empêchent de passer à l'action.

-Nos vies sont riches de souhaits mais pauvres en décisions.

-C'est l'intention qui définit votre plan d'action qui mène à la raison d'agir, qui elle-même justifie l'action.

-De bonnes raisons résultent de bonnes intentions.

Questions: Vous êtes-vous identifié à travers l'un des 7 comportements d'action précédemment cités? Avez-vous définis un plan d'action? Êtes-vous prêt à passer à l'action?

CHAPITRE 7

◆ Obtenir des résultats ◆

La qualité n'est jamais
un accident; c'est toujours le résultat
d'un effort intelligent.

- John Ruskin -

Les résultats sont la suite logique de vos actions, elles sont le reflet de votre style de vie que ce soit professionnelle ou personnelle, ces résultats relatif à vos actions déterminent qui vous êtes. Ce reflet est la combinaison de plusieurs facteurs dont le premier tient de nos valeurs personnelles qui sont le fondement des décisions que nous prenons. Connaître et déterminer ces valeurs signifie bien se connaître et avoir une grande confiance en soi. Cela joue un rôle de rassemblement au sein de nous-même pour ne pas subir les valeurs néfastes d'autres personnes. Le second facteur tient de nos attitudes, la façon de voir, de penser et de se comporter. Celle-ci évolue avec le temps en fonction des événements et de l'expérience acquise de la vie, elle nous donne de la confiance, de l'espérance et de l'ouverture d'esprit.

Le troisième facteur tient de notre force, celle d'affronter le moment présent comme l'avenir, cette capacité de volonté d'agir et d'entreprendre. Le quatrième facteur tient de nos faiblesses, nos points faibles. Tout le monde en à, que ce soit la timidité, être stressé, susceptible, prétentieux, anxieux, désinvolte, menteur etc...

Ces facteurs vous composent et déterminent la personne que vous êtes aujourd'hui, c'est cet ensemble de facteurs qui est le reflet de vos résultats. Êtes-vous satisfait des résultats que vous désirez que ce soit au niveau social, financier, familial, physique ou spirituel?

Si votre réponse est oui, félicitation, surtout ne changez rien, vous avez atteint le niveau ''dieux'' mais vous pouvez toujours partir en quête d'amélioration de vos résultats. Par contre, si vous répondez non, c'est qu'il reste certains aspects à améliorer et que vous portez un regard objectif sur vous-même. Comment en améliorer le contenu? En changeant de méthode pour avoir des résultats différents, une méthode qui demande de la volonté, la volonté de changer une partie de votre style de vie.

Pourquoi? Parce que dans votre style de vie, il y a une combinaison de facteurs qui crée des résultats qui vont à l'encontre de ce que vous en attendez.

Mais alors, que faut-il changer dans notre style de vie?

Ce n'est certainement pas votre force ou vos valeurs, parce que ce sont elles qui vous ont permis d'avancer et d'être là où vous êtes en ce moment même.

Ce sont vos faiblesses.

Si vous prenez la peine de regarder attentivement les personnes qui ont obtenues des résultats exceptionnels, c'est parce qu'elles ont appris à transformer leurs plus grandes faiblesses en une force qui a permis de réaliser leurs rêves et de devenir ces êtres exceptionnels que l'on connaît.
-Voilà l'un de leurs secrets:

"Transformer leurs faiblesses en force."

Améliorer vos plus grandes lacunes demande beaucoup de volonté, dans un premier temps pour les identifier et ensuite pour déterminer ce qui va permettre de les changer en force.

-__Apprendre à identifier__

Reconnaître ses forces et ses faiblesses permet une organisation facilité de sa vie. Un outil puissant pour y arriver est la connaissance de soi. Aussi simple qu'il y paraît, plus on se connaît soi-même et plus on détermine précisément les traits de caractères qui se définissent à travers nos forces et nos faiblesses.

Afin de mieux identifier celles-ci, voici quelques méthodes pour y parvenir : Commencez par évaluer vos aptitudes en analysant vos qualités, examinez vos points forts, pensez aux qualités que décrivent votre entourage, vous pouvez compter dessus pour progresser, aller de l'avant. Vos points forts forment un atout dans la démarche d'obtenir un résultat, il n'y a pas de bon ou de mauvais résultat c'est juste l'interprétation que vous avez donné à ce résultat. Bon ou moins bon, le principal est d'en tirer des conclusions pour l'avancement du projet, jamais pour en détruire celui-ci.

Les points forts de votre personnalité vont interpréter le résultat obtenu de façon positive alors que les points faibles de votre personnalité le ferons de manière négative.

- Manière négative: «J'ai encore pris du poids»

- Manière positive: «J'ai pris du poids parce que je n'ai pas fait attention à ce que je mangeais»

Réfléchissez à vos valeurs fondamentales

car elles déterminent l'idée que vous vous faites de vous-même, ce sont vos croyances qui représentent certains traits de votre personnalité sur vos forces et vos faiblesses. Vous pouvez ainsi identifier les domaines dans lesquelles vous vous sentez inférieurs. Le meilleur moyen de ne rien oublier consiste à écrire sur une feuille ce que vous avez découvert sur vous et vos faiblesses tout en les classant par ordre d'importance, dans un seul but, celui de donner une priorité à vos principales faiblesses. Cela ne sert à rien de vouloir changer toutes ses faiblesses en force, mieux vaut se concentrer sur les principales, l'impact du changement n'en sera pas anodin!

Vouloir changer ses principales faiblesses en force est un avantage certain et une bonne décision. Par ailleurs il n'est pas nécessaire de vouloir changer les faiblesses les moins importantes, on peut simplement décider de les effacer de sa vie. Cela demandera moins d'effort puisque ce sont des faiblesses mineures, vouloir supprimer les principales est une erreur, les changer en force est intelligent et plus facile que d'essayer de les supprimer définitivement.

Principales faiblesses → Devient une force
=
Avantage sur soi-même

-<u>**Apprendre à changer**</u>

Pour changer nos faiblesses en force nous devons changer les circonstances qui se sont mises en place tout au long de notre vie, et qui par définition, révèlent ce que l'on est actuellement à travers nos résultats. Le modèle de Brooke Castillo (coach de vie américaine) est un outil qui crée une grille de décodage qui permet une meilleure compréhension entre les circonstances et nos résultats. Comprendre ce modèle permet de modifier tout en finesse notre comportement pour orienter celui-ci sur le bon chemin des résultats désirés, comprendre et modifier nos pensées pour évoluer vers ce que l'on désire réellement changer.

Le modèle de Brooke se construit à travers cinq étapes qui sont:

-Les CIRCONSTANCES qui suscitent nos...

-PENSEES, qui génèrent nos...

-EMOTIONS, qui nous dirigent à...

-L'ACTION, qui déclenche nos...

-RESULTATS.

•<u>Exemple de modèle de Brooke</u> (interprétation négative) :

-*Il pleut.* (circonstance)
-*Je ne vais rien pouvoir faire, la journée est fichue.* (pensée)
-*Dépité, déçu.* (émotions)
-*Je tourne en rond en ne sachant pas quoi faire.* (action)
-*Je n'ai rien fait de concret de la journée.* (résultat)

•<u>Exemple de modèle de Brooke</u> (interprétation positive):

-*Il pleut.* (circonstance)
-*Super, je vais pouvoir m'occuper de choses mises en attente.* (pensée)
-*Dynamisme, tonus.* (émotions)
-*Je m'y mets tout de suite.* (action)
-*J'ai accompli de nombreuses tâches.* (résultat)

On voit très distinctement les différences d'interprétation de ces deux exemples. Un individu peut rire et un autre pleurer pour une même interprétation, tout dépendra de la différence de pensée du phénomène. Certaines mères ont sûrement assisté à ce phénomène sur leurs enfants, l'un ne sera pas d'accord alors que le deuxième ne s'y offusquera point. Ils ont tous les deux une manière différente de penser, et cette différence naît de leur individualité.

-<u>Décomposition des étapes</u>

•*Les circonstances* sont des événements neutres, c'est un fait avéré du moment présent ou passé, on ne peut le remettre en doute. Elles sont basées sur des constats objectifs et vérifiés. Exemple : *il pleut; cette maison vaut 200000e; cette personne a commis un délit.*

•*La pensée* naît d'une circonstance, on peut avoir plusieurs pensées différentes pour une même circonstance. Ces pensées ne sont pas des vérités conformes à la réalité, ce sont des idées, des représentations psychiques ayant plus ou moins de valeurs. Exemple : *Il va peut-être pleuvoir ; cette maison m'a l'air bien ; cette personne me semble coupable.*

•*Les émotions* ne représentent pas nos pensées mais leur manifestation physique. Une émotion peut se manifester à travers le comportement ou le ressenti de notre corps comme une sensation que l'on éprouve extérieurement et intérieurement. Dans le modèle de Brooke, nous devons nous limiter à une émotion en étant le plus précis possible. Exemple : *Je suis déçu/enthousiasme qu'il pleuve aujourd'hui ; je me sens bien/mal dans cette maison ; je suis heureux/en colère que cette personne soit en prison.*

▪L'action est l'acheminement naturel d'une émotion ressentie, cela peut très bien être une forme d'inaction. Exemple : *Il pleut, je reste devant la télévision ; j'achète/revends la maison ; je manifeste pour/contre la peine qui vient d'être prononcée.*

▪Le résultat est la conclusion de l'action, il peut être immédiat, cumulé ou acheminé sur le long terme. Exemple : *j'ai beaucoup fait/ je n'ai rien fait pendant cette journée pluvieuse ; à présent je (ne) possède (plus) ma propre maison ; cette manifestation a permis le renvoi en appel/la condamnation du jugement.*

Le modèle de Brooke permet de décomposer les situations liées au style de vie de chacun, et à y regarder de plus près, on s'aperçoit que la ligne du résultat vient toujours confirmer la ligne de la pensée. Ce qui vient dans nos pensées se voit à travers nos résultats, donc concrètement, pour changer nos résultats il nous faut changer notre manière de penser.

Motivez-Vous
le pouvoir de se surpasser

Manière de penser = influence sur résultat

Une bonne manière de penser influencera plus de bon résultat. Alors commencez immédiatement l'obtention de ces résultats en pensant à votre réussite prochaine dans l'action.

Entourez-vous de personnes vous poussant vers le haut est toutefois évident, mais bon nombre de personnes, une fois arrivées au sommet se mettent à côtoyer de mauvaises fréquentations et finissent alcoolisées ou droguées. N'oubliez jamais que le plus dure n'est pas la chute mais de rester concentré sur ses objectifs futurs sans jamais faillir.

Résumé du chapitre: Les facteurs de résultats

-Les résultats de votre plan de vie se composent de quatre facteurs qui déterminent la personne que vous êtes.

-Reconnaître ses forces et ses faiblesses permet une organisation facilité de sa vie.

-Vouloir changer ses plus grandes faiblesses en force est un avantage sur soi-même.

-Le modèle de Brook permet de comprendre et modifier son schéma de résultat.

-C'est notre manière de penser qui influence nos résultats, changez cette manière de penser afin de modifier ce résultat.

Questions : Avez-vous mis en place un tableau de valeur de vos forces et vos faiblesses? Avez-vous changé votre manière de penser pour influencer votre résultat? Voyez-vous un changement dans le résultat ainsi obtenu? Le ou lesquels?

CHAPITRE 8

♦ Nourrir ses convictions ♦

*C'est la répétition d'affirmations
qui mène à la croyance. Et ce que tu crois devient une
conviction profonde. Les choses commencent
alors à se réaliser.*

- Mohamed Ali -

Qu'est-ce que le mot conviction et pourquoi nourrir cette idée que l'on a d'elle? Est-ce que toutes nos convictions sont-elles bonnes à prendre? Nous avons tendance à vouloir construire une vision cohérente de ce qui nous entoure comme une vérité représentative de notre vie passée. On ne naît pas avec des convictions, on les apprend. Nos idées, nos pensées, nos jugements, qu'ils soient bons ou mauvais se basent essentiellement sur l'apprentissage de notre environnement extérieur. Toutes ces choses qui viennent traverser notre esprit que ce soit par les films, les enseignements de nos parents et ceux de nos professeurs, les livres que nous avons lus, un discours qui nous a marqué, tous ont eu une influence directe ou indirecte sur ce que vous êtes maintenant et qui forme un ensemble de ces convictions. Les écouter c'est bien, les affirmer c'est mieux. C'est s'autoriser à avoir une opinion, celle que l'on montre avec courage face aux autres même si elle dérange. J'entends beaucoup de personnes qui souhaiteraient profondément changer intérieurement pour se sentir mieux dans leur corps et leur esprit et qui pour une raison X ou Y ne le font pas. Peut-être manquent-elles de confiance ou ont elles peur du changement ou peut-être doutent elles de leurs croyances, de leurs convictions. Ce qui engendrerait une inaction de leurs parts comme une paralysie face à ce que pourrais penser les autres. Ce qu'il faut, c'est ne pas à avoir peur, peur de ce que certaines personnes pourraient dire ou penser sur vous. Je vais vous révélez un secret qui ne déroge à aucune règle : Quoi que vous fassiez, il y aura toujours une personne pour vous critiquez ou vous rabaissez. Prenez l'exemple de ce livre, je peux penser que ce livre serait un bon outil pour mieux comprendre et réussir dans l'objectif via la motivation chez certaines personnes et pourquoi pas, recommander cet ouvrage à leurs familles ou amis, ce qui m'encouragerais dans ce sens. Mais je peux également me dire que d'autres pourraient penser le contraire et me dénigrer, ce qui est décourageant. D'ailleurs, faites donc l'expérience. Inventez un projet (réaliste) et faite en part à vos proches et remarquez leur réactions inattendues. Certain vous encouragent et d'autre sont plus sceptiques, tout l'art de la nature humaine. Donc si je pensais comme la deuxième proposition et que je m'y tenais, j'arrêterais immédiatement ce livre et je reprendrais mon quotidien sans penser au lecteur qui aurait pu trouver ce qu'il était venu chercher en ce livre. Mais ce n'est pas le cas et je me fous de la personne qui ne pense qu'à dénigrer au lieu de voir ce qu'il peut tirer d'un enseignement quel qu'il soit. Il y a une différence entre passer son temps à dénigrer tout et n'importe quoi et apporter une critique objective.

Le premier n'apporte rien tout en restant dans la négation tandis que le second est là pour nous orienter objectivement. Qu'une personne donne un avis objectif à ce livre qui me permettrait d'avancer sur moi-même ok, mais dénigrer gratuitement alors que la personne en question n'a sûrement pas écrit son propre livre, laissez-moi rire. Si on se concentre sur les personnes qui ne croient pas en nos rêves autant mettre ceux-ci à la poubelle et tirer un trait définitif sur une perspective d'avenir, celle de votre accomplissement personnel. Rien n'est plus beau que d'accomplir une chose qui vous

Motivez-Vous
le pouvoir de se surpasser

tienne à cœur et que personne à part vous pensiez être réalisable. Vous êtes persuadé que vous devez le faire et le mettre en pratique et vous vous sentez capable d'accomplir un tel exploit.

-<u>Rester concentré sur vos croyances</u>

Le but d'une croyance est justement de croire en elle et de démontrer que celle-ci peut devenir une vérité absolue qu'elle soit bonne ou mauvaise. Après tout, tant que l'on ne démontre pas par A+B que cette croyance est égale à C, on ne peut affirmer que celle-ci est bien une vérité absolue. Mais là je vous parle de croyance à entretenir sur votre schéma de motivation pour que par la suite vous restiez concentré sur celle-ci sans qu'elle ne vous échappe. Donnons une représentation de ce schéma de ces croyances, c'est à dire vos convictions sur le système de motivation :

Schéma de motivation

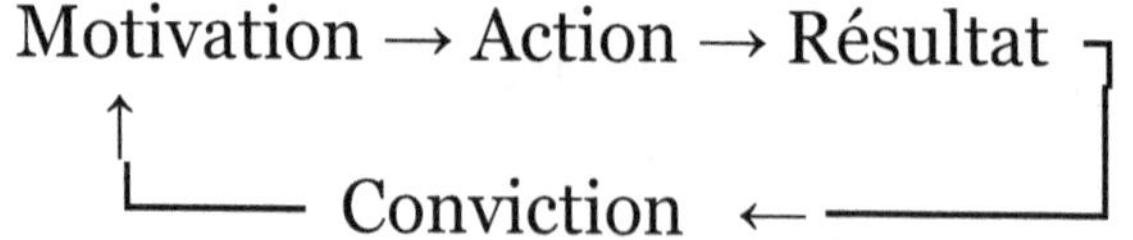

Votre motivation entraîne une action bien définie qui se représente par un résultat dans une période donnée plus ou moins longue, cela dépend de l'objectif fixé, puis les résultats, qu'ils soient positifs ou négatifs vont encouragés ou découragés votre système de croyance sur la capacité de réussite à atteindre ou non de l'objectif de départ.

Exemples types de personnes déclenchant un objectif :

-Il y a d'abord la personne qui décide mais n'entreprend rien, l'inaction ne demande aucun effort et est quelque part sécurisant puisque le fait de ne pas prendre certaines initiatives évite les échecs, mais cela évite aussi les réussites que l'on aurait eu si l'on se serait bouger le cul juste un peu.

-Puis il y a la personne qui est motivée ce qui l'amène forcément à passer à l'action et qui en voyant les résultats plutôt négatifs décide d'abandonner car son système de croyance s'écroule comme un château de cartes, elle se dit que c'est beaucoup trop dur et s'arrête là. Sa motivation n'a pas été renouvelée par ses convictions.

-Enfin il y a le type de personne qui malgré les échecs continue d'avancer car elle croit fermement que sa réussite n'est qu'une question de temps avant qu'elle ne se concrétise. Sa perception de ses convictions pousse à une plus grande motivation après chaque échec. La visualisation de cette personne face à l'échec est vécue comme une leçon et non comme une punition. La personne sait qu'elle va réussir et ne doute pas un instant de ses capacités de réussite sauf qu'elle n'a pas encore trouvé le bon "chemin" qui va la conduire à cette réussite. La différence tient dans son acharnement de l'objectif sans tenir compte des personnes qui auraient tendances à lui mettre des bâtons dans les roues. Retenez ceci : Ce sont vos convictions positives qui vont vous permette de garder votre motivation intacte jour après jour et ce sont vos convictions négatives qui en effaceront cette même motivation.

> Convictions positives = Motivation renouvelée

Le principe est très simple, si on regarde bien le schéma de motivation, on remarque que les convictions puisent leurs capacités à nous diriger dans le résultat que l'on obtient. C'est à dire que suivant le résultat obtenu, cela nous conduira ou non à la continuité de notre objectif.

Suivant le type de personne que vous êtes,

l'interprétation des résultats ainsi obtenus va diriger les convictions que vous vous êtes faites du possible pouvoir de réalisation de votre objectif qui définit votre capacité motivante. Une personne qui ne se laisse pas abattre par des résultats négatifs à un grand pouvoir de capacité motivante, au contraire, une personne qui se laisse diriger par ses émotions à cause de mauvais résultats à une estime de soi basse ce qui laisse découvrir une très faible capacité motivante. Une haute opinion de vous facilite une augmentation de ce pouvoir motivant.

Laissez tomber n'est pas une option, battez-vous avec ferveur.

-<u>La vision de la persuasion</u>

Alimentez cette vision, la vision de ne pas se tromper, de ne pas avoir peur de l'échec mais de le voir transformé en un résultat qui dépasse vos limites, donnez-lui une valeur importante de réussite. Ne laissez pas notre société vous dicter ce qui est bien ou mal et pensez un peu à votre bonheur si vous réussissiez là ou d'autres ont jeté l'éponge. Maintenant vous êtes ce genre de personne, non celle qui ne croit plus d'être capable de faire, non, maintenant vous êtes cette personne qui a la persuasion dans les veines.

Ce persuadez de sa réussite n'est plus essayé de croire en la possibilité de réussite, vous voyez la différence, bien sûr que oui! Peu importe le résultat que vous avez au début, qu'il soit positif ou négatif, puisque vous êtes persuadé de la réussite de celui-ci, peu importe le temps que vous mettez pour y arriver puisque vous êtes persuadé de sa réussite, peu importe les moqueries, vous avez une plus grande vision de la chose puisque vous en êtes persuadé. Vouloir sa réussite pour se prouver ou prouver aux autres que l'on est capable Vous avez la vision de réussite si vous le voulez. Ne cessez plus d'y croire, allez la chercher.

●Nouveau schéma:

Persuasion de réussite

=

Entretien des convictions

=

Motivation renouvelée

Plus vous serez persuadé de votre réussite et plus vous vous maintiendrez motivé par l'entretien de vos convictions. Ne vous concentrez pas sur des si ou des peut-être, cela ne ferait que vous faire perdre du temps et de l'énergie, au lieu de cela tournez-vous vers le possible, vers le réalisable et persuadez-vous d'accomplir de grandes choses afin que vos convictions grandissent avec elle. Ainsi vous aurez toute l'énergie nécessaire pour emmagasiner une grande motivation, car sur le fond, chaque être est exceptionnel.

Vous cherchez à garder une motivation chaque fois que vous en faites le besoin, alors entretenez vos convictions positives.

Mais n'oubliez pas que pour entretenir vos convictions il faut être persuadé de réussir ce dans quoi vous vous êtes lancé. Si vous ressentez le besoin que vous devez le faire, alors faites-le et ne laissez personne vous faire abandonner. Restez entouré de gens motivés comme vous.

Résumé du chapitre: La vision des convictions

-Nos convictions sont le phénomène exclusif de nos enseignements passés.

-Les résultats que l'on obtient démontrent que nos convictions ont une influence sur notre façon de rester motivé.

-Les convictions positives entretiennent la motivation, les convictions négatives la détruisent.

-Être persuadé de réussir notre objectif entretien nos convictions.

Questions: Quelles convictions allez-vous mettre en place et si c'est déjà le cas, ont-elles eu une influence sur la façon de vous motiver? Êtes-vous persuadé d'une prochaine réussite de votre projet? Ressentez-vous l'énergie motivante traverser votre corps à l'idée de réussite?

Partie 4: Les défis personnels

CHAPITRE 9

◆ **Concrétiser ses rêves** ◆

Dans vingt ans vous serez plus
déçus par les choses que vous n'avez pas
faites que par celles que vous avez faites. Alors
sortez des sentiers battus. Mettez les voiles.
Explorez. Rêvez. Découvrez.

- Mark Twain -

La première question à se poser avant même de savoir comment, est selon moi, de savoir pourquoi? Pourquoi étant enfant l'imaginaire se déploie et nous offre la sensation que l'on peut devenir n'importe qui ou de faire des choses incroyables. Mais vous vous réveillez et la prise de conscience est bel et bien là. Est-il trop tard pour réaliser ses rêves d'enfant? Rappelez-vous ces rêves et demandez-vous pourquoi? Pourquoi êtes-vous passé à côté? Qu'est-ce qui a fait que la trajectoire donnée a brutalement déviée? Et pourquoi j'insiste autant?

Motivez-Vous
le pouvoir de se surpasser

Tout simplement parce qu'étant enfant nous avions des rêves plus ou moins grands, qui, pour la plupart des personnes étaient atteignables, donc tout à fait réalisables mais que nos "choix" de vie ont eu une incidence sur la "non-réalisation" de ceux-ci. On peut constater que certaines personnes qui paraissent heureuses sans avoir de véritables problèmes matériels ou immatériels font état d'un sentiment diffus ou de frustration profonde, une pensée de ne pas vivre entièrement leur vie. En fait, ces personnes sont perdues avec elles-mêmes et se demandent comment se recentrer pour devenir ce qu'elles auraient pu être?

Certains comparent cela à une forme de spiritualité, une quête de soi, ce qui n'est pas totalement faux mais il faut bien reconnaître que ce sont leurs choix de vie qui ont fait d'eux ce qu'ils sont devenus aujourd'hui. Peut-être que ces choix reflètent ce que la société moderne attend de nous! Comprenez bien que les choix de vie se résument aux décisions prises consciemment, que ce soit par nos propres choix ou inconsciemment par l'influence de type familiale ou sociétale. Réaliser son désir a pour but d'enlever la frustration au fond de nous-même et de renforcer notre confiance. Comprendre ses mécanismes c'est mieux se connaître. Il n'est pas si facile de les réaliser puisque certaines personnes se trompent et préfèrent la facilité de modèle de réussite d'une logique sécuritaire sociale, elles se laissent "dicter" le bon comportement à avoir face aux regards de notre «bienveillante» société.   Il suffit d'allumer votre poste de télévision pour voir des types définis d'émissions dont le contenu n'a qu'un seul but, celui de nous réconforter dans notre manière de vivre actuelle. Nous nous sentons protégés de tout ce chaos médiatiquement parlant, soyez et vivez comme le reste de la population pas comme vous l'entendez. Votre raison d'être est de réaliser vos propres rêves et non ceux formatés par la société.   Une bonne réalisation vient de cette impulsion intérieure, dictée par nos émotions qui achemine tous nos sens à la recherche de cette réalisation. Nos choix de vies sont multiples et donnent par conséquence certaines excuses à la non-réalisation de nos rêves. Avoir le courage de vivre sans regret, c'est à dire comme vous le souhaitez et non comme les autres l'entendent est une forme de liberté personnelle. Ne pas ce laissez dicter quoi faire, comment et pourquoi.

Vous êtes seul juge de vous-même. Faire passer le travail avant la famille et de se dire plus tard de ne pas avoir vu grandir vos enfants est une forme de regret. Refouler ses sentiments pour maintenir une harmonie avec les autres vous installe dans une existence médiocre et vous empêche de devenir vraiment ce que vous auriez pu être. Rester coincé avec de vieilles habitudes pour votre soi-disant confort peu vous empêcher d'atteindre le bonheur, bloqué par la peur du changement. Autant de choix qui vous condamnent à rester sur la ligne de départ.

-<u>**Avant la mise en œuvre**</u>

Ce qu'il faut savoir avant d'entreprendre quoi que ce soit c'est de ne pas avoir peur. Peur de quoi me diriez-vous? Peur de grandeur. Peur de l'échec. Peur de la solitude. Peur du temps qui passe. Peur de se lancer. Ce sont les cinq peurs principales que l'on doit vaincre pour se lancer dans la réalisation de nos rêves. Sans cela, il nous sera très difficile d'y parvenir. On a parfois des rêves de grandeurs à l'échelle de nos pensées qui nous donnent le vertige et pourtant, rien n'est plus magique que d'avoir un esprit donnant une vision de dépassement de soi. Atteindre un but, peu importe sa grandeur ou sa complexité, du moment que l'objectif soit *"réalisable"* (j'insiste bien sur ce mot), alors celui-ci devient possible.

Sa grandeur ne doit aucunement vous effrayer, au contraire, c'est un super moyen pour vous motiver, montrez à tout le monde que vous pouvez le faire, ce sont eux les andouilles qui ont peur que vous réussissiez. Une autre peur, celle de l'échec commune à une bonne partie de la population, celle de ne pas réussir ce qui a été entrepris. Et oui, commencez déjà par démarrer quelque chose pour voir la progression avant même de penser que ce sera un fiasco. Les

Motivez-Vous
le pouvoir de se surpasser

personnes qui réussissent connaissent très bien l'échec mais au contraire des autres, ne se laisse pas intimider ou influencer par elles, ces personnes apprennent de leurs erreurs pour ne plus les refaire. Vouloir entreprendre c'est bien mais parfois on a besoin de soutien pour ne pas abandonner dès le départ. Cette peur de solitude peut nous entraîner dans les abysses de notre subconscient et nous faire péter un câble. Le soutien d'un être cher ou d'un ami n'est pas essentiel à la réussite mais grandement utile et dissipe vite la solitude ressentie. Le temps qui passe à une connotation de vitesse, on se retourne un jour pour découvrir les années passées mais il n'est jamais trop tard tant que vous avez assez de force et d'énergie. La retraite ne signifie pas la fin d'une activité, cela signifie le début de la vôtre. Mais n'attendez pas celle-ci afin de vous lancer dans ce que vous aimez réellement, faites le maintenant. Vous avez déjà remarqué le nombre important de personnes vous dire : «un jour, je le ferai». Puis le temps passe et pour une raison X ou Y, il ne s'est toujours rien produit. Cette raison est la peur bien sûr, liée à un manque profond de confiance en soi même si l'on n'ose pas l'avouer directement. Il y a un point commun à toutes ses peurs ou plutôt un mot pour dénoncer ce que l'on n'a pas réalisé, c'est *l'excuse*. L'homme est très doué pour ce trouver des excuses à chaque fois que la nécessité sans fait ressentir. On a tendance à choisir la facilité or celle-ci n'amène pas à grand chose, je vous l'expliquerai plus tard. Revenons aux excuses, comme cité plus haut on peut facilement fabriquer des excuses pour ne pas citer nos peurs:

-Si j'avais le temps, je le ferais immédiatement.

-Si je n'étais pas seul pour ce projet je l'aurais déjà commencé.

-Quelqu'un m'a dit que ce projet est trop ambitieux, je ne crois pas que ce soit possible.

-J'attends d'avoir tous les éléments pour me lancer.

-Je ne crois pas que cela va marcher, je préfère renoncer tout de suite.

Peut-être connaissez-vous une personne de votre entourage qui est l'image de l'une de ses peurs! Ou peut-être est-ce tout simplement vous!

La peur est un sentiment puissant qui paralyse quiconque la côtoie et pourtant si vous possédez un sentiment d'envie, de passion qui soit plus fort que celui de la peur que l'on éprouve, alors vous parviendrez à dépasser cette dernière et vous aurez repris le contrôle de vous-même.

-<u>Stratégie de réalisation</u>

Pour chaque bonne réalisation, il y a des

étapes incontournables à la mise en œuvre de celle-ci. Voyons ensemble la marche à suivre pour que vos rêves se réalisent.

• Étape 1 : _Le rêve doit être réalisable_

Peut-être que je me répète mais bon nombre de personnes ne se rendent pas compte que leurs projets sont en dehors de l'humainement possible. Trop focalisés sur ce qui leurs tiennent à cœur, ils en oublient la faisabilité de la chose. Restez concentrés sur le concret et non sur l'imaginaire.

• Étape 2 : _Vous devez le visualisez_

Visualiser votre rêve va définir les possibilités de faisabilité. Le temps peut être une possibilité de cette faisabilité, si vous avez une maladie grave et que votre rêve est trop ambitieux vous risquez de ne pas le réaliser. Tout comme notre état physique (que l'on ait des problèmes d'obésité ou d'amputation de certains membres, etc...) empêchera la réalisation de celui-ci.

• Étape 3: _Croyez en vous_

Rien n'est plus important que de croire en ses capacités de réussite. Cela demande beaucoup d'énergie pour changer la façon dont on se perçoit mais est très utile pour nous sentir plus fort et plus confiant. Vous pouvez le faire, vous devez le faire, personne d'autre ne prendra votre place, c'est votre rêve après tout!

•Étape 4: _Décomposez votre rêve en étape_
Définissez les priorités à mettre en place pour que celui-ci prenne forme jusqu'à l'aboutissement, de cette manière il vous paraîtra moins difficile de le réaliser et vous suivrez l'avancement étape par étape. Vous savez exactement où vous en êtes.

•Étape 5: _Voyez le comme un défi_
Sortir de votre zone de confort et contribuer à votre développement personnel, c'est la définition même du défi. Limité dans le temps mais terriblement efficace, voir l'un de vos rêves comme un défi, un but à atteindre, permet de se surpasser pour arriver à un accomplissement personnel dont vous serez fier.

•Étape 6: _N'attendez pas le bon moment_
Attendre quoi? Le moment opportun! Ce moment ne viendra jamais à vous, c'est vous qui devez créer un environnement propice à celui-ci. Comment? Tout comme je l'ai déjà dit depuis le début : Avec le processus. Mettez celui-ci en route immédiatement et l'environnement se dévoilera jour après jour devant vous.

•Étape 7: _Entourez-vous de personnes qui croient en vous_
Avoir du soutien extérieur est quelque

Motivez-Vous
le pouvoir de se surpasser

chose de bénéfique pour notre moral, on a plus d'énergie, on ne se sent plus seul face à la montagne même si c'est nous seul qui avons rendez-vous avec le sommet. Savoir s'entourer de personnes vous accompagnant positivement dans votre démarche aide à avancer à pas de géant, vous ne ressentirez pas la sensation d'isolement qu'une personne peut avoir sans le soutien d'une tierce personne.

•Étape 8: *Persévérez!*

L'abandon n'est pas une option. Vous devez tenir bon jusqu'au bout. Il y aura toujours des hauts et des bas, des jours avec et des jours sans, mais ne vous laissez pas distraire par ce qui ne va pas et laissez-vous portez par ce qui marche réellement. De cette manière, vous serez plus efficace.

•Étape 9: *Prenez du plaisir*

Si vous souhaitez réaliser quelque chose ce quelque chose ne doit pas être une contrainte, au contraire vous devez vous sentir bien quand vous le faites. Prenez du plaisir dans chaque étape qui mène à la réalisation finale. Faites-le avec passion ou ne le faites pas.

Voici les 9 étapes qui me semblent être essentielles pour que nos pensées se réalisent et prennent vies (Rien ne vous empêche d'en ajouter ou d'en changer l'ordre). Pourquoi parler

Motivez-Vous

le pouvoir de se surpasser

de cela? Pour une raison toute simple. Le temps passe très vite et si on prend la peine de se retourner sur notre parcours, on voit les choses qui ont été faites et celles qui ne sont pas encore réalisées. Et un jour, on se dit: «*Le temps passe si vite que je regrette de ne pas avoir fait cela*».

Et oui, on regrette! En tout cas, pour la plupart des gens (dont je fais parti). Voir votre rêve ou votre projet aboutir contribue à deux facteurs de votre vie. Tout d'abord le sentiment de regret s'efface et vous vous créez de la valeur de réussite qui contribue à votre développement personnel. Vous devenez plus grand grâce à votre réussite, votre confiance s'en retrouve renforcée.

Bien sûr inutile de vous dire que ce n'est pas en restant assis sur votre canapé que les choses se produisent, je ne crois pas à ce miracle, et vous? Donc encore une fois, il ne reste plus qu'une chose à faire, celui de vous bouger.

C'est par le travail organisé que les choses se fabriquent et non pas en restant bien au chaud sous la couette.

Soit vous replongez dans votre sommeil pour continuer à rêver, soit vous vous bougez le cul pour que celui-ci devienne réalité. A vous de choisir.

Résumé du chapitre: Vivre ses rêves

-La réalisation d'un désir enlève la frustration et renforce notre confiance.

-Notre "modèle" de société peut être un frein au bon déroulement de nos pensées.

-Nos choix de vies déterminent la réalisation ou la non-réalisation de nos rêves.

-Il y a 5 peurs à combattre pour une bonne réalisation de nos rêves.

-Un rêve, pour qu'il soit possible doit être réaliste.

- Intégrez les 9 étapes et votre rêve se réalisera beaucoup plus facilement.

Questions : Avez-vous des rêves en attentes? Quelle est votre stratégie de réalisation pour que vos rêves prennent vie? Faîtes un point sur vous-même une fois l'accomplissement de celui-ci. Vous sentez vous mieux à présent?

Motivez-Vous
le pouvoir de se surpasser

CHAPITRE 10

♦ De l'inaction à l'action ♦

*La meilleure façon de se mettre en
mouvement, c'est de cesser de parler
et de commencer à agir.*

- Walt Disney -

Dans ce bas monde, il y a deux catégories de personnes, les personnes qui se contentent de rester dans leur confort et les personnes cherchant à accomplir des choses extraordinaires. Le premier groupe sont les personnes qui accumulent des choses à faire sans réellement les entreprendre ni même les réaliser, les laissant traîner dans la longueur. Le deuxième groupe, les personnes qui agissent immédiatement, l'information est traitée dans un laps de temps très court. Il n'y a pas d'autre possibilité, soit on le fait tout de suite, soit on attend longtemps jusqu'à l'oublie de la chose pour certain. L'inaction peut provenir d'un ou

Motivez-Vous
le pouvoir de se surpasser

plusieurs paramètres. Exemple : Être indécis devant chaque situation empêche d'avancer sur son chemin de vie de manière sereine. Ne pas savoir quelle décision prendre au bon moment peut devenir gênant en bloquant une situation, tirant le frein à main de la réussite. Oui je sais, vous allez me dire qu'hésiter est normal, d'ailleurs certains coachs en développement personnel le disent. Bravo. Magnifique. Connerie, oui. Allez raconter à tout le monde que c'est normal d'hésiter, après tout il n'y a pas de quoi se faire de souci si la décision n'est pas prise immédiatement par vous-même. Mon cul, (excusez cette excès de grossièreté) mais comment voulez-vous dire à une personne que c'est tout à fait normal si elle n'arrive pas à se décider! Si c'est normal, ne bougez pas, autant ne prendre aucune décision et restez comme avant, c'est à dire assis sur votre canapé a regarder cette adorable télévision, pas besoin d'assister à des séminaires qui vous disent tous que c'est normal.

Après tout, le meilleur moyen de faire payer quelqu'un est d'abord de la rassurer. Moi je me fous de vous rassurer et ce que je veux c'est que vous compreniez l'importance d'une prise de décision qu'elle soit bonne ou mauvaise, comme je dis toujours, restez dans la normalité et vous serez comme tout le reste, banal. Sortez des sentiers battus et n'écoutez pas ceux qui vous disent que c'est tout à fait normal d'être normalement indécis. Vous n'êtes pas une

Motivez-Vous
le pouvoir de se surpasser

personne normale, vous êtes unique, vous voyez la différence! Ne laissez personne prendre des décisions à votre place et montrez leur la personne unique que vous êtes devenue à travers vos décisions. Vous gagnerez en confiance et augmenterez l'estime que vous vous portez. Il faut bien se lancer un jour et ce jour est aujourd'hui, ça y est, depuis le temps que vous l'attendiez il est enfin là, plus la peine de l'attendre. Alors commencez maintenant et plus vous le ferez et plus vous choisirez les bonnes décisions et vous sentirez cette confiance augmenter. Cela confirmera votre statut prioritaire dans le choix des décisions, c'est vous qui dirigez l'environnement dans lequel vous circulez et non l'inverse. Devenez le maître de votre destin en osant prendre des décisions et non en laissant aux autres cette opportunité. On la retrouve encore mais c'est bien la peur qui empêche toute prise de décision telle qu'elle soit, voici pour le deuxième exemple. Elle a plusieurs visages comme la peur de l'échec ou la peur de se lancer les deux pieds en avant dans cette grosse bouse placée juste devant vous. J'y vais ou j'y vais pas, telle est la question! Allez-y bordel! Vous aurez de la bouse partout mais vous l'aurez fait par votre propre démarche. Comment savez-vous que cela marchera ou ne marchera pas si vous n'essayez pas? J'écris ce livre ou je ne l'écris pas.

Va t'il jouer son rôle motivateur et être utile ou pas du tout? Est-ce que je vais réussir à l'écrire jusqu'au bout? Vais-je apporter des idées nouvelles qui contribueront au développement de la personne. Je commence à avoir mal à la tête de penser à toutes ces questions. Pour preuve, il y a même certaines personnes autour de moi qui, lorsque je les informe de mon passage à l'acte de mon nouveau métier "d'écrivain" (oui je me la pète un peu), me disent qu'elles aussi aimeraient écrire un livre et me confient que l'idée leur trottent depuis un certain temps. D'où ma question quasi immédiate : -Pourquoi n'avez-vous pas déjà commencé l'écriture de celui-ci? Et c'est toujours la même réponse à 99 pour-cent, «Je n'ai pas le temps» me disent-elles. «Je n'ai pas le temps» ou «je n'ai pas pris le temps», il y a là une différence certaine ! Comme beaucoup de personne, il y à l'idée mais encore une fois celle-ci est entachée d'excuses à deux sous, il n'y a pas d'accomplissement de l'acte. Récapitulons, 24H dans une journée et vous n'avez pas le temps! Hein! Voyons voir un peu, vous dormez 8h et travaillez 8h pour certain, il reste donc 8h pleines.   Dans ces 8h restantes il y a certaines commodités, les enfants et le temps des repas certes, mais il est fort probable de prendre 30mn voir 1 h pour faire ce que vous êtes censé faire.

Comment? Pour ma part, je me lève une heure plus tôt du lundi au samedi et je travaille sur mes priorités, c'est la seule façon que j'ai trouvé pour réaliser mon projet en l'occurrence ce livre, m'occuper de mon fils de 7 ans, faire mes

8 heures de travail, passer du temps avec ma femme et gérer les imprévus. Une journée normal quoi!

J'applique une formule aux personnes qui ne prennent aucune décision, et cela les réconforte inconsciemment dans la non prise de celle-ci. Elles se sentent en sécurité, la sécurité de ne pas prendre part au débat et ainsi éviter que celle-ci leur soit répercutée en pleine face. C'est la plus grosse excuse parmi toutes celles qui m'ait été d'entendre pour «échapper» à la peur (ici la peur de ne pas réussir à prendre la bonne décision). On ne fait rien donc il ne se passe rien, il n'y a donc pas de peur de quoi que ce soit, c'est ce que j'appelle la formule CRAIE:

*CR*éation d'excuses

=

*A*ucune décision

=

*I*nactivité

=

*É*chappatoire contre la peur

Celle-ci représente la craie écrivant sur un tableau noir. Imaginons un instant que cette craie représente vos actions et le tableau noir sur

Motivez-Vous
le pouvoir de se surpasser

lequel vous écrivez soit la trace laissée dans ce monde, votre chemin de vie, jusqu'ici vous me suivez n'est-ce pas? Il en va de soi qu'une personne décidée, prenant des décisions va voir son tableau noir être rempli de cette trace blanche laissée par sa craie (dans notre exemple «vos actions») comme Walt Disney que tout le monde connais. En revanche, une personne restant dans l'inactivité verra son tableau avec très peu de trace de cette poudre blanche, cette personne représente parfaitement la formule CRAIE. Votre peur à donc une influence (diminue votre confiance en soi) sur vos actions, votre "craie" et cela en est proportionnel. Plus vous avez peur et moins vous vous engagez dans une réalisation quelle que soit sa nature.

Inutile d'attendre des conditions "parfaites" pour se lancer puisqu'elles n'apparaîtront jamais comme par magie, et oui c'est à vous qu'ils incombent de les réaliser via une organisation planifiée de votre projet. Plus grande est la planification et plus grande seront les parfaites conditions pour la réussite de votre projet.

D'ailleurs en parlant de réussite, voici ma formule inverse à celle de la formule d'indécision "CRAIE", une formule qui définit l'esprit gagnant, celle d'une personne qui entreprend. Je l'appelle la formule IDEAL :

Motivez-Vous
le pouvoir de se surpasser

*I*ntuition

=

*DE*cision

=

*A*ction

=

*L*eadership

Ce processus immédiat qu'est cette faculté que l'individu intuitif ressent permet de se démarquer et de prendre la décision adéquate à une situation donnée. Cette même décision engendre l'action propre à celle-ci, l'individu devient le leader du groupe. De ce fait, l'individu se conforte dans l'estime de soi gagnant la confiance et le respect du groupe du moment qu'il y a réciprocité des deux parties.

Malheureusement, on aura beau vous dire que le passage à l'action permet de créer une dynamique de vie stimulante et enrichissante, il est fort probable pour les personnes inactives que tout cela ne change rien tant que deux facteurs ne soit pas réunis. Le premier facteur est celui de la motivation et à travers elle je vois l'envie, l'envie de créer pour que l'émergence de l'action puisse pousser comme une plante qui ne cesserait de grandir et grimper avalant les uns après les autres chaque obstacles rencontrés. D'ailleurs, à propos du sujet, j'ai parlé de cette motivation comme une émergence vers l'action:

Motivation → Action

La motivation engendre l'action, là nous sommes d'accord, mais certaines personnes ont porté mon attention sur le fait que le contraire est tout à fait possible. L'action peut engendrer la motivation et je leur réponds bien évidement que oui. Mais pourquoi je ne vous en ai pas parlé avant? Voici ma vision de la chose : Les deux versions sont tout à fait possibles mais il n'y en a qu'une qui marche de manière efficace. Je m'explique en commençant avec la première proposition. La motivation naît d'une émotion ("l'envie" dans cet exemple) et plus celle-ci est importante, plus grande est votre motivation et vos actions seront proportionnels à celle-ci.

$$\text{Émotion} = \text{Motivation} = \text{Action}$$
$$\text{Grande } \text{É} = \text{Grande } \mathbf{M} = \text{Grande } \mathbf{A}$$

Peu importe que votre émotion soit petite ou grande le schéma en sera toujours proportionnel à celle-ci. Une émotion grandissante augmentera votre motivation ce qui améliorera vos actions. Maintenant la deuxième proposition consiste à passer à l'action malgré l'absence d'une émotion motivante en espérant qu'elle vienne par la suite. Donc à aucun moment nous ne sommes sûrs de ressentir une émotion motivante dans l'action entreprise.

Action entreprise = ? (absence d'émotion)
résultat incertain

Pour ma part, il me semble impossible d'entreprendre une action si celle-ci n'est pas complémentaire d'une émotion, puisque cette action se fera de manière "robotisée" et non alimentée par une source de plaisir motivante (une émotion ressentie). Vous pouvez ignorer ceci mais laissez-moi vous dire à nouveau ce que j'en pense. Une personne faisant une action sans réelle émotion motivante se rendra compte que son action n'atteindra jamais celle d'une personne le faisant avec une émotion motivante, comme l'envie ou la passion. Une personne passionnée par ce qu'elle entreprend aura toujours un résultat meilleur et supérieur à une personne qui essaye de faire la même chose mais dont son action ne découle d'aucune émotion, d'aucune envie ou de plaisir. Donc mon choix se portera toujours sur la première proposition et jamais sur la deuxième. Ressentir une émotion qui va m'amener à me motiver pour que mon action soit la meilleure possible au lieu d'être une action bâclée par le manque de motivation liée directement par l'émotion produite. Ensuite, le second facteur est le détachement de la peur que l'on peut éprouver, cette peur qui engendre le doute et l'incertitude et qui nous laisse dans l'inaction. Rien ne peut la combattre à part vous-même, c'est votre mission, votre but avant de vous engager dans quoi que ce soit est *d'apprendre à la maîtriser*. Heureusement pour vous, il existe des supports pour ne pas être seul face à ce combat, cependant celui-ci n'engage que vous. Le soutien est l'un de ses supports. Votre peur doit être combattue par vous-même mais celui-ci peut être accompagné d'un soutien externe, vous n'êtes plus seul à combattre. Ce soutien peut être de l'ordre psychologique comme un soutien moral (famille, réseaux sociaux) ou un soutien physique (famille ou amis) comme un accompagnement dans vos démarches, cela procure une sorte de protection.

D'autres supports, comme les domaines associatifs liés aux ambitions qui vous tiennent à cœur, peuvent aider au développement. Ou, avec un regard plus large, partir du côté de la pratique thérapeutique comme l'hypnose ou la pratique spirituelle de la méditation afin de donner une visualisation positive, dégageant le stress ou l'anxiété de vos pensées, facteurs déclencheur de peur. Bien sûr, ce ne sont que des exemples de supports que je donne à titre indicatif, comme un accompagnement avec la personne pour combattre sa peur et chacun est tout à fait libre de choisir ou non tel ou tel support. C'est pour cela que je n'influencerai personne en disant que celui-ci est mieux qu'un autre. Comme je l'ai dit avant, chaque personne est unique donc chacun aura un choix différent de son voisin. Voici les deux facteurs pour passer de l'inactivité à l'action, être motivé par un projet pour que l'action entreprise soit proportionnelle à l'émotion motivante ressentie et bien sûr de se détacher de cette peur paralysant nos actions.

N'attendez pas le bon moment et commencez dès que vous vous octroyez du temps. Le temps se trouve très tôt le matin ou en remplacement de nos émissions télévisées. Ce ne sont que deux exemples mais tout dépend du degré de motivation de chacun. Je suis persuadé qu'après la lecture de ce livre, vous aurez décuplé votre pouvoir motivant. Vous aurez décelé les outils pour dissiper vos peurs et vous permettre d'avancer dans vos vies.

Résumé du chapitre: Les facteurs contre l'inactivité

-Il y a deux catégories de personnes, celles qui accomplissent des choses et celles qui restent dans l'attente de leurs peurs.

-Prendre ses propres décisions c'est contrôler son environnement.

-La formule CRAIE représente les personnes ne prenant aucune décision.

-La formule IDEAL représente le leadership des individus passant à l'action.

-Une action engendrée par une motivation aura plus d'impact qu'une action sans motivation.

-Les deux facteurs pour passer à l'action sont la motivation et la maîtrise de ses peurs.

Questions : De quelle formule dépendez-vous, CRAIE ou IDEAL? Êtes-vous prêt pour prendre de grande décision et contrôler votre environnement?

CHAPITRE 11

◆ La facilité versus ◆ la difficulté

Ne cherchez pas à éviter à vos enfants
les difficultés de la vie;
apprenez-leur à les surmonter.

- Louis Pasteur -

Pourquoi choisir la difficulté si une opportunité plus facile ce présente? C'est vrai ça, vivre facilement les choses et non en les rendant plus compliquées. Certaines personnes adorent l'art de la complication et d'autre s'en passeraient bien volontiers. Sont-elles différemment opposées ou au contraire intimement liées via notre motivation? Tout d'abord, il y a un côté positif et puissant dans la facilité d'exécution de tâches correspondant à un domaine prédéfini. Si l'on réfléchit un peu, il ne reste qu'une seule variante faisant intégralement partie de notre univers auquel personne ne peut, ni l'arrêter ni même l'acheter, et qui est propre à chacun d'entre nous. Cette variante dirigeant notre vie de par son bruit incessant mais bien significatif, c'est le tic-tac du temps. Il est très intéressant de se dire que l'on peut gagner du temps pour la concrétisation de son objectif et cela avec facilité.

-<u>La facilité du temps</u>

Gagner du temps sachant qu'il y a indubitablement 24h dans une journée et ceci continuellement, voilà qui est intéressant. Je distingue deux sortes de facilités. Celle qui vous fait gagner un temps précieux pour l'accomplissement de votre objectif et l'autre qui vous en fait perdre. Donnons quelques exemples pour mieux comprendre. Voyez comme il est facile de nos jours de déconnecter son cerveau afin que l'on oublie une chose essentielle propre à l'espèce humaine, cette formidable faculté de la pensée. La pensée de créer, de concevoir, d'apprendre pour nous-même et de voir cette accomplissement s'être réalisé via ce processus.

La pensée est un outil puissant. N'est-ce pas à travers elle que se forme des idées nouvelles projetant des visions de perspectives d'avenir! La pensée forme notre vie psychique consciente à travers la perception d'apprentissage constant tout au long de notre vie. Comme dans *Le Théétète* (dialogue de Platon sur la science et sa définition), Platon définissait la pensée comme «discours que l'âme se tient à elle-même sur les objets qu'elle examine». La pensée découle de la réflexion donnant naissance à plusieurs pensées. La pensée critique, la pensée divergente, convergente ou synvergente, la libre pensée qu'elle soit créative, analytique, inductive ou déductive. N'est-il pas facile de se faire bercer dans son canapé et se laisser ainsi distraire oubliant toute pensée? Vous connaissez déjà la réponse. Cette facilité vous fait perdre un temps précieux. Choisissez l'autre facilité, celle de vous lever de ce canapé et de décrocher de ces distractions pour imaginer et inventer par la pensée de nouvelles idées, qui permettrons une nouvelle innovation créatrice pour vivre pleinement votre vie. Peut-être allez-vous découvrir une idée et que cette même idée, une fois concrétisée via un processus intelligent, vous fera gagner assez de richesses pour se permettre de ne plus travailler ou alors prendre conscience que l'on peut devenir une personne nouvelle à travers la création. Réfléchissez une minute à cette phrase : «Tout est possible, même après soixante ans». Il n'y a pas d'âge spécifique pour continuer ce que l'on aime, tant que nous pouvons physiquement et mentalement le faire.

Une autre facilité dont j'ai déjà parlé est celle de gagner du temps le matin. Se lever plus tôt pour avancer sur son projet et ensuite partir travailler. Il est tout à fait possible de le faire pendant sa pause déjeuner ou le soir avant le coucher à travers la recherche spécifique de vidéo ou toutes autres informations sur le sujet concerné. Vous branchez vos écouteurs et c'est parti. Tout en travaillant, vous en apprenez plus sur votre sujet de prédilection. Se prendre 15mn, 30mn, 1h ou bien plus, cela dépendra de certains paramètres propres à chacun : des enfants à gérer, l'état de fatigue de la personne après sa journée de travail, le niveau de motivation générée par l'objectif ou l'envie de ne tout simplement rien faire. Il est pourtant facile de dire non aux nombreuses distractions apportées par le vingt et unième siècle. Ce ne sont pas celles-ci qui doivent diriger votre vie, après tout, n'êtes-vous pas le maître de vous-même! Si ce n'est pas le cas, alors je vous plains grandement.

Choisissez la facilité qui permettra de gagner du temps pour votre accomplissement personnel et non du temps tout cours, qui sera au final gâché par je ne sais quoi. Je m'explique, gagner du temps en faisant tremper un plat resté au four toute une nuit pour en détacher les salissures est plus facile que de frotter pendant 15mn sur ce même plat. Mais si c'est pour que ce gain de temps soit gaspillé dans des distractions sans grands intérêts, à quoi bon! Laisser tremper ce plat est plus facile que de le frotter immédiatement ok, mais le fait de le savoir consciemment n'apportera pas grand-chose au sein de votre développement personnel. Ce sera juste plus facile d'un point de vue purement physique pour vous. C'est le gain de temps employé intelligemment à travers la lecture de livres, de vidéos, de réflexions ou de recherches sur la nature de votre objectif qui en sera le déclencheur. Il est vrai que lâcher toute distraction demande un certain effort à votre cerveau et celui-ci en sera plus ou moins sous contrainte suivant la personnalité propre à chacun. Mais n'oubliez pas que votre objectif doit porter en vous un sentiment émotionnel. C'est ce qui nous pousse à aller de l'avant via ce processus émotionnel. Cela doit vous portez dans une facilité de l'effort et non l'inverse. Vous prenez plaisir à le faire sinon posez-vous la question si c'est vraiment cela que vous voulez faire dans votre vie. Ce livre m'apporte cette facilité de l'effort, celui de me lever plus tôt chaque matin avant de partir travailler. Je me lève avec facilité dans cet effort que demande le réveil matinal. Le fait de penser à ce livre et aux idées qui se bousculent dans ma tête me font ressentir un sentiment émotionnel puissant qui réveille cette source motivationnelle. Tout ceci forme l'énergie qui englobe mon corps, je prends du plaisir à le faire, ce n'est aucunement une contrainte. Tout cela fait partie du processus d'engagement motivant. Autre exemple, il est plus facile d'un point de vue pécuniaire de demander un crédit que d'essayer de mettre la même somme de côté.

Voyez cette facilité avec laquelle les personnes côtoient les crédits au lieu de mettre en place un système permettant un stock d'argent. Dès que l'on parle de facilité de paiement la plupart des gens accours. Au final, vous payez le bien plus cher que sa valeur initiale par le taux d'intérêt du crédit contracté.

Vous possédez l'objet en question mais sous la contrainte de remboursement mensuel, alors qu'une économie organisée échappe à cette même contrainte. Dans la plupart des cas, sans tenir compte du besoin personnel (qui est différent de l'envie personnelle), la pensée émotionnelle prend l'avantage sur votre pensée rationnelle. Vous trouvez l'objet beau, intéressant, peut-être aura t-il une certaine utilité par la suite. Mais est-ce que vous en avez réellement besoin? Si vous possédiez un crédit, c'est que vous aviez la possibilité de mettre ses mêmes mensualités de côté dès le départ. Il est très difficile de combattre ses émotions. Essayez de vous poser la question après un achat important si l'intervenant dans votre tête était une pensée bien rationnelle (vous en aviez réellement besoin, votre survie dans ce monde urbain en dépendait) ou est-ce que c'était votre pensée dictée par une ou plusieurs émotions (cette voiture ne correspond pas à mes besoins mais qu'est-ce qu'elle est belle!). Dans cette nouvelle ère que représente l'information, nous voulons pratiquement tout avoir de suite sans attendre (le nouveau téléphone portable ou une plus grande télé). Tout ceci est lié à nos émotions tirées de notre mode de vie urbain. Je pense que toutes ces facilités d'achats compulsifs représentent la mauvaise manière de faire. Le seul conseil qui rentre dans mes capacités d'analyse est celui de refréner vos pulsions. J'ai appris une chose concernant ces achats faciles, c'est que l'émotion qui découle de cet achat ne perdure jamais dans le temps. Il y a un sentiment de lassitude qui s'installe sur le long terme. Aujourd'hui, je veux cet objet. Demain j'en désirerai un autre.

-<u>La difficulté de l'engagement</u>

Regardez autour de vous et voyez sous un autre angle les personnes possédant des idées mais qui sont incapables d'entamer leur processus d'engagement en vue de leur réalisation d'objectifs. Ils abandonnent au premier échec. Est-il si difficile de tenir bon jusqu'au bout? Cet échec doit être insurmontable étant donné que plus de 90 pour cent de la population s'en trouve concernée. Les échecs parcourant notre vie doivent être interpréter comme des leçons nous enseignant à changer de méthode et non un fléau s'abattant uniquement sur nous. Il faut transformer l'échec en méthode.

Ce n'est pas un échec mais une méthode qui

ne fonctionne pas. Notre esprit mental cherchera donc une autre méthode jusqu'à ce qu'il en est trouvé la bonne formule. Les personnes réussissant leur vie comme ils le souhaitent ne sont guère plus intelligentes que vous et moi.

Elles connaissent elles aussi de nombreux échecs. Et pourtant elles ont une différence majeure qui joue un rôle important dans la réussite qu'elles connaissent. Outre le fait qu'une émotion puissante les transcende dans leurs activités propres (elles aiment ce qu'elles font), elles n'abandonnent jamais. Elles persistent en agissant, se comportant, pensant toujours dans la même direction que leur objectif jusqu'à ce que celui-ci soit atteint. Elles sont persuadées de leurs réussites. La difficulté de maintenir cette persistance dans l'action même est propre aux gagnants. Que ce soit dans les affaires comme Elon Musk (Tesla, Paypal), Jeff Bezos (Amazon), JK Rowling (romancière de la saga Harry Potter), DJ Snake (Réalisateur artiste, compositeur) et bien d'autres, ces talents ont su garder une persistance dans leurs actions à toute épreuve.

Ils sont tous partis de rien et ont réussi l'incroyable. Je ne parle de ces personnes qu'à travers leurs accomplissements personnels et leurs leaderships. Je ne les connais pas personnellement pour apporter un jugement sur l'individualité de chacune de ses personnes.

Dans le sport également, voyez avec quelle facilité certains sportifs s'adonnent à leurs disciplines. Ils ont réussi à modeler la difficulté que représente le haut niveau d'une compétition en facilité. Comment? Dans la persistance chirurgicale de leurs entraînements. A force de pratiquer un entraînement difficile, celui-ci s'est transformé en des mouvements faciles et amples et ceci dans pratiquement tous les sports. La natation, la danse, l'athlétisme, les sports de combat, l'escalade, le cyclisme, l'escrime, le golf, la gymnastique, le tennis, les courses de voiture etc... Il y a derrière cette facilité du mouvement des années de souffrance physique et mentale à la hauteur de leurs entraînements. Plus difficile étaient leurs entraînements et plus facile étaient leurs victoires. C'est comme dans la vrai vie, la facilité dans l'attente, la stagnation, ne pas entreprendre les choses que l'on souhaiterait pour soi-même. Ne rien accomplir et rester la même personne pendant quarante ans, ne pas se surpasser intellectuellement et physiquement dans l'attente d'une retraite au combien méritée pour finalement continuer à ne rien faire. Est-ce cela votre vie? Entreprendre et persister dans la voie de l'entraînement qu'est celui de l'accomplissement, voilà la vraie difficulté propre à chacun. Savoir se surpasser, tel est votre défi.

Comme se lever le matin très tôt, au début c'est la galère, il y a là une souffrance mentale (votre cerveau doit se connecter à la réalité) puis physique (votre corps doit se mouvoir) et à force de persévérance cela devient de plus en plus

Motivez-Vous
le pouvoir de se surpasser

facile. On a adopté un rythme.

«La persévérance dans l'accomplissement de notre but crée le phénomène du rythme de la notion de facilité dans le mouvement qu'est celui de l'action»

-<u>Le développement qualitatif</u>

Cette facilité crée un développement qualitatif du rythme dans le mouvement. Celui-ci devient naturel et apporte une certaine influence comportementale bénéfique à l'action. C'est un ensemble de changements. La qualité de votre rythme varie selon cet ensemble que représente : *la pensée, l'environnement* dans lequel on évolue et *l'analyse* de résultat.

Développer une facilité à travers une difficulté aide à percevoir et à fragmenter la complexité de la chose. Vous développez une compréhension, une perception et votre être intérieur est plus ouvert. Vous apportez une nouvelle réflexion de votre pensée. Cette pensée joue un grand rôle et influence votre mode personnel gagnant que l'on verra dans le prochain chapitre. Votre corps est connecté avec votre nouvel environnement et la confiance se développe en même temps que le projet.

L'analyse de vos résultats ne fait que confirmer le processus d'engagement. En domptant ce rythme, vous avez réussi à créer un système d'une grande qualité, celui de l'engagement. A travers cet engagement, la possibilité de création de vos désirs et de vos pulsions devient facile.

Résumé du chapitre: La facilité de l'engagement

-Le temps est un élément propre à chacun et précieux. Bien utilisé, il aide à notre accomplissement personnel.

-La faculté de penser est un outil puissant. Faite en une bonne utilisation sans ménagement de celle-ci.

-Pour atteindre la facilité dans l'effort, celui-ci doit être accompagné par un sentiment émotionnel et une persistance dans l'action. Cela crée le phénomène du rythme.

Questions : Quel va être votre approche pour l'optimisation d'un gain de temps? Avez-vous réussi à développer une facilité dans votre effort?

Motivez-Vous
le pouvoir de se surpasser

CHAPITRE 12

◆ L'esprit d'un gagnant ◆

Le succès est un état d'esprit.
Si vous voulez réussir, commencez par
penser à vous en tant que gagnant.

- Joyce Brothers -

Vouloir connaître le succès à travers diverses exploits est un phénomène propre à l'homme qui ne cherche qu'à augmenter sa capacité de pouvoir afin de devenir le maître de son existence. Vous tracez votre propre chemin et en déterminez le point d'arrivé. Ce n'est pas quelque chose de facile en soi puisqu'il nous faut posséder des facultés à la hauteur de ce pouvoir pour y arriver mais ceci est possible. A travers notre esprit qui enveloppe notre système de pensée, nous pouvons modéliser notre future réussite, le visualiser à condition que celui-ci soit orienté vers des conditions sine qua non. Votre esprit reflète un système complexe de croyance basé sur la perception de phénomènes et de facultés mentales tel que le jugement, l'intuition, la morale, la pensée, les émotions, le raisonnement, l'intelligence... Chez les scientifiques, cette science est appelée science cognitive qui est issue de six sous-disciplines : les neurosciences, la linguistique computationnelle, l'anthropologie cognitive, la philosophie de la cognition et l'intelligence artificielle. Mais ne nous attardons pas dessus, ce serait beaucoup trop long et ennuyeux pour certains, allons à l'essentiel. Dans le cas présent, ayant pour objet la description et l'explication des mécanismes de la pensée humaine, notre système de pensée est un outil complexe. Grâce à celui-ci, nous sommes capables d'acquérir, de conserver, d'utiliser puis de transmettre des connaissances via un traitement d'informations intelligent.

On commence à voir, tant par sa complexité, la puissance que représente la nature même de la pensée de l'esprit. Cette puissance de la pensée humaine peut vous emmener dans les hauteurs de l'accomplissement, tout comme elle peut vous entraînez dans l'obscurité des abysses.

Cela dépend de la perception et de l'interprétation de vos pensées accumulées tout au long de votre existence. Prenons l'exemple de deux personnes confortablement assises en terrasse d'un bar en début d'après-midi attendant leurs cafés sous un soleil d'été. Le serveur, un peu maladroit, arrive à hauteur de ces personnes et trébuche, renversant ainsi le liquide noir encore fumant sur les chemises de ces deux personnes. Vous avez sûrement déjà assisté à pareille scène ou peut-être l'avez-vous vécu. Cependant, accordons nous un instant sur le comportement de la pensée mentale de ces personnes et de sa représentation. La première personne va prendre la chose d'un point de vue positif en expliquant au serveur que ce n'est pas si grave en soit, expliquant connaître un bon teinturier au coin de sa rue. Cette personne esquissera peut-être un léger sourire envers ce maladroit, le pardonnant ainsi. La deuxième en revanche à une interprétation mentale de sa pensée négative ne supportant pas d'avoir été la cible d'une pareille agression. Elle commencera à injurier le pauvre malheureux tout en émettant des gestes agressifs avant de partir tout en blasphémant de plus bel encore sous l'emprise de la colère. Les personnes présentes autour de cette scène improbable seront restées stupéfaites devant le comportement ridicule de cette personne. Celle-ci n'a pas appris de par son expérience passée à contrôler ses émotions qui ont pris l'avantage sur son raisonnement. Son *"mode de pensée"* est représentatif de sa façon de vivre, ce qui se traduit par une perte totale de pouvoir sur un changement soudain de son environnement. La perception négative que cette personne porte sur son environnement empêche d'accroître sa valeur personnelle et n'a pas de but essentiel à projeter. Ils n'y a pas de volonté propre de progression à l'intérieur de sa vie qui se retranscrit par la médiocrité.

La première personne a su gérer ses émotions et s'est adapté à un brusque changement de son environnement afin d'en garder le contrôle. Son *"mode de pensée"* est basé sur une amélioration constante de soi. De cet apprentissage est née sa confiance qui ne cesse de se développer par une affirmation gagnante.

Sa pensée est constructive, cela lui permet de voir le côté positif et constructif de chaque situation sans se laisser berner par une mauvaise émotion. Elle anticipe et modifie ses émotions qui sont le reflet de son comportement social. Je ne prétends pas que cela reste facile à faire. C'est avant tout un travail sur soi-même que l'on doit gagner.

-<u>La pensée constructive</u>

Notre pensée qu'elle soit mentale, émotionnelle, psychique ou spirituelle détermine qui nous sommes à travers nos actions. Surtout lorsque l'on sait qu'en moyenne une personne développe environ 60000 pensées par jour. Nous vivons donc comme nous pensons. Si votre mode de pensée reflète celle de la première personne dans l'exemple, alors vous êtes en mode gagnant.

Votre pensée joue sur vos actions. Le mode gagnant permet une maîtrise de soi par une confiance accrue. Le mode gagnant de la pensée constructive est un activateur de pouvoir car à travers cet état d'esprit tout devient possible en jouant sur votre inconscient. Vous ne vous dîtes pas : «Je ne peux pas» mais «Je peux le faire» ou encore «J'en suis incapable» devient «J'en suis tout à fait capable».

Ce pouvoir de l'accomplissement devient une réalité tangible de sortir des rangs de la médiocrité pour être la personne qui rejoint le côté des gagnants tout en maîtrisant un environnement changeant. Vous devez construire autour de vous un environnement émotionnel constructif et développer une confiance en vous sans faille, ainsi vous contrôlez l'environnement dans lequel vous circulez. Une pensée constructive, c'est d'avoir de bonne pensée pour soi mais aussi pour les autres personnes circulant dans votre environnement.

Comment pouvez-vous être constructif pour vous-même si vous êtes critique envers les autres?

Cela ne fonctionne pas. Restez humble avec vous-même et les personnes circulant dans votre chemin de vie, et le monde vous sera reconnaissant.

-<u>Changer vos paradigmes</u>

Cela s'est passé un vendredi soir lorsque ma femme, mon fils et moi rendions visite à un couple d'amis et leurs deux enfants, une fille et un garçon âgés respectivement de 6 et 8 ans fréquentant la même école que notre fils. Nous discutions de choses et d'autres lorsque leur fille exprima le désir de vouloir passer le reste du week-end chez nous afin de passer du temps avec notre fils. Cela se passa donc ainsi. La petite fille resta dormir chez nous et le lendemain après-midi, le couple d'ami arriva donc à notre maison afin d'y récupérer leur progéniture. Tout c'était bien passé, mon fils et son amie c'étaient bien amusés même si le moment du couché avait été un peu plus long que d'habitude. Nous reparlions de choses et d'autres lorsque le mari adressa une phrase à sa femme sur leur situation financière qui retenu mon attention. Il lui dit ceci : «Ça fait dix ans que l'on galère chaque fin de mois et cela sera ainsi les dix prochaines années». Sa femme jeta un coup d'œil évasif sur la table sans rien dire pendant deux secondes puis repris la conversation sur un autre sujet. Cela montre un paradigme fort sur la représentation de la situation financière de mes amis. Ils se sont résignés à vivre comme cela toute leur vie puisque leur mode de pensée *(leur paradigme)* les y oblige. Les paradigmes représentant vos systèmes de croyances, de valeurs ou de techniques appartenant à une communauté ancrent des données fortes à l'intérieur de votre inconscient qui ne fait aucune différence si ceux-ci sont bons ou mauvais pour vous. Notre inconscient nous conditionne à hauteur de 80% à 90%, notre conscience quant à elle représente les 20% à 10% restants. Cela montre bien l'influence des paradigmes sur notre manière de vivre. Une personne avec des paradigmes forts de positivisme développera facilement une mentalité de gagnant puisqu'elle regardera toujours le bon côté de la chose même si celle-ci ne marche pas. N'oubliez pas, nous sommes ce que nous pensons. Si pour une raison Y vous n'arrivez pas à former la réussite dans un domaine particulier, c'est parce que votre mode de pensée n'est pas conditionné pour le faire.

Exemple : Vous êtes en plein régime alimentaire car vous avez un excédent de poids.

Vous vous êtes documenté et avez consulté des spécialistes dans le domaine. Bien sûr, le fait d'établir ces démarches et de changer votre alimentation on eut raison de la perte de quelques kilos (peut être de 1 à 5kg ou un peu plus) mais pour une raison inconnue vous stagnez. Plus moyen de perdre des kilos supplémentaires malgré un acharnement certain.

Avez-vous pensé un instant que votre inconscient y serait pour quelque chose? Il y a peut-être une chose enfouie à l'intérieur de votre tête! Comme un trouble émotionnel dû à une réaction forte qui se serait passé au cour de votre vie. J'ai déjà vu des personnes prendre du poids à la suite d'un décès de parents proches.

Dans le cas présent vous devrez combattre votre trouble émotionnel pour que le processus d'amaigrissement de votre corps puisse continuer. Chez certaines personnes à tendance suicidaire, ce n'est pas leurs corps physique mais la méthode de pensée négative qu'ils ont d'eux-mêmes, à un degré élevé, qui les poussent dans un état d'auto-rejet de leur personnalité. Là aussi le trouble émotionnel est de la partie. La seule façon de le combattre consiste à augmenter la valeur positive que vous vous accordez face au reste du monde. La valorisation d'affirmation positive développe une confiance accrue et plus vous la développerez et plus votre mentalité se transformera en mentalité de gagnant.

Vous devez la visualiser afin de sentir cette énergie vous traverser. Vous reprenez le contrôle de vos émotions, de vos modes de pensées.

-Les 2 différentes méthodes de pensées

Nos modes de pensées détermineront toujours qui vous êtes dans le présent mais aussi dans votre futur. Changez ce mode et vous changerez ce futur. Votre vie ne vous correspond pas! Changez votre pensée. Visualisez quel avenir est fait pour vous et affirmez-le et cela se traduira par des actions rejoignant vos pensées. Voici quelques différences entre un mode de pensée gagnant et celui d'un perdant :

-Un gagnant pense toujours à la solution.
-Un perdant pense toujours au problème.

-Un gagnant dit : *«Je suis bon mais je veux être meilleur»*.
-Un perdant dit: *«Je ne suis pas mieux que les autres»*.

-Un gagnant fait face aux difficultés.
-Un perdant se contente de constater les difficultés.

-Un gagnant a toujours un plan d'action.
-Un perdant a toujours des excuses.

-Un gagnant dit : *«Il y a sûrement une autre façon de faire»*.
-Un perdant dit : *«Je l'ai toujours fait comme cela»*.

-Un gagnant pose des questions.
-Un perdant fait des hypothèses.

-Un gagnant encourage.
-Un perdant critique.

-Un gagnant agit.

-Un perdant subit.

-Un gagnant adopte une attitude positive.
-Un perdant adopte une attitude négative.

-Un gagnant assume ses responsabilités.
-Un perdant blâme les autres.

-<u>Ayez la foi</u>

Changer la perception de notre vision négative en une vision positive et tout devient limpide. Il n'y a plus de confrontation avec nous-même. Notre esprit est en quelque sorte libéré. Nous ne pensons plus à la négativité, de la sorte, nous consacrons pleinement tout notre temps à nous-même. Nos paradigmes sont des pensées puissantes et vouloir changer des pensées ou croyances qui ne marchent pas est tout à fait légitime. Changer de mode de pensée mais aussi *vouloir* et *croire* que c'est possible est indispensable. Vous devez avoir la foi dans le changement pour que celui-ci se réalise. Le croire n'est pas suffisant pour que le processus marche.

Vous devez ressentir une vibration émotionnelle traverser votre esprit. Vous le croyez puis vous le voulez, le processus de modification est ainsi enclenché. Ce n'est pas en changeant votre comportement que vous changerez l'état d'esprit dans lequel il se trouve.

Cela est comme une image fausse masquant une vérité plus profonde, ce sont vos pensées qui influencent votre comportement et non l'inverse. Ne l'oubliez jamais. Croyez fortement dans le changement pour qu'il s'opère avec la plus grande fermeté et vous serez le témoin de ce changement de pensée.

-<u>La clé du gagnant</u>

L'état d'esprit gagnant que vous générez se forme autour de la perception positive du monde et de l'univers. Cela se traduit par un mot qui change tout. Il suffit de voir les personnes atteintes de cet état d'esprit pour vous rendre compte à quel point ces personnes se sentent mieux dans bien des domaines. Elles sont atteintes d'optimisme généralisé. Voilà une bonne maladie! Les gagnants débordent d'optimisme, cet état de l'être qui consiste à voir le bon côté des choses, le bon côté des personnes, le bon côté dans chaque situation.

Être optimisme vous apporte énormément au quotidien. Vous vous sentez plus sereins et confiants, moins stressés, vous vous estimez d'avantage qu'une "personne moyenne" et votre organisme se sent plus actif engendrant une forme d'énergie motivante. Certaines personnes pensent même que l'on vivrait plus longtemps.

Ça vaut peut-être le coup d'essayer. Soyez

attentif dans chaque moment de votre vie quotidienne afin de saisir cette opportunité. L'optimisme fait partie intégrante de la mentalité de gagnant.

Résumé du chapitre: L'état d'être du gagnant.

-La visualisation mentale aide à une modélisation de notre futur.

-Vos actions reflètent vos pensées.

-La pensée émotionnelle constructive favorise le contrôle de son environnement.

-Vos modes de pensées doivent être en accord avec ce que vous désirez vraiment.

-L'optimisme est l'état gagnant.

Questions: Avez-vous des pensées à changer? Avez-vous des choses à changer sur vous-même pour posséder un esprit de gagnant? Êtes-vous optimiste dans chaque situation?

CHAPITRE 13

♦ L'épanouissement ♦ personnel

Tu dois devenir l'homme que tu es. Fait

ce que toi seul peux faire.
Devient sans cesse ce que tu es,
soit le maître et le sculpteur de toi même.

- Friedrich Nietzsche -

Êtes-vous devenu réellement la personne que vous désiriez être étant enfant? Êtes-vous heureux de la représentation sociale de votre personne? Ressentez-vous et vivez-vous une vie épanouie? Nos actions par le biais de notre pensée motivationnelle peut amener à cet aboutissement d'une personne épanouie. La clé est de se dire que l'on effectue une transformation de soi comme seul but d'être une personne épanouie dans l'accomplissement de la réalisation de son "moi". Nos pensées interagissent sur nos émotions et celles-ci se reflètent à travers notre personnalité. Se sentir épanoui est la base de votre développement personnel par une démarche volontaire dynamique. Faites quelque chose à contre cœur et vous ne ressentirez aucune forme d'épanouissement dans cette tâche. Il y aura là comme un combat invisible avec vous-même.

Vous ferez cette chose mais il n'y aura aucune forme de bonheur intérieur. Soyez le créateur de votre propre valeur dans votre ressenti intérieur.

-<u>Se comprendre</u>

Nos influences multiples au court de notre vie amènent un niveau qualitatif d'amélioration et de progression de notre potentiel intérieur, enfin si nous le voulons bien. Se connaître est un pilier essentiel de notre développement intérieur.

Vous pouvez en apprendre d'avantage en demandant aux personnes proches ce qu'elles pensent de vous. Avoir une vision globale et intègre de sa personne par votre entourage, qui de manière honnête, exprime sa vision qu'il a de vous en apportant les qualités mais aussi les défauts vous correspondant. Posez-vous les bonnes questions afin de voir si la personne que vous êtes devenu en ce moment est celle-là même que vous souhaitiez avant. Que quelqu'un me dise qu'il est devenu et est celui qu'il a toujours voulu être, je veux bien le croire. Mais êtes-vous heureux? N'y a t-il pas un manque quelque part? Que s'est-il passé dans votre vie pour que la personne que vous représentez soit devenu ce qu'elle est maintenant? Il s'agit de comprendre comment nos pensées fonctionnent. Vous vous connaissez suffisamment pour atteindre un niveau de bonheur acceptable dans tous les domaines, dans le secteur social, familial, la santé, la spiritualité, la vie de couple, le milieu professionnel ou financier, alors je vous félicite.

Libre à chacun d'intégrer un niveau de plénitude satisfaisant propre à lui-même. Vous avez atteint votre niveau de bonheur idéal et ne ressentez pas le besoin d'en avoir plus. Se comprendre augmente l'estime que l'on se porte et donc influe sur notre degré motivationnel. Se donner comme but de se comprendre afin d'apprendre est un bon début.

-<u>Soyez ambitieux</u>

La plupart des gens portent une accusation faussée d'une personne ambitieuse qui serait prête à vendre père et mère pour atteindre son but, avide et cupide. Mais ne confondez pas une ambition démesurée dénuée de principe avec une ambition personnelle d'auto-développement. Il faut voir l'ambition comme une qualité exerçant une force invisible mais bien réelle sur notre personne qui en élève la valeur intrinsèque. On la ressent lors de projection dans le temps que ce soit à moyen terme ou à long terme à travers la détermination. Celle-ci dégage chez la personne de l'enthousiasme, une émotion puissante motivante qui permet de garder dans le temps cette ambition sans la dénaturer. Les projections dans le temps permettent d'avancer mentalement sur nos objectifs de vie, ce qui entame le processus de progression de notre développement d'auto-motivation.

-<u>Soyez rebelle</u>

Beaucoup de personnes vivent dans le stress et la peur à cause de leur environnement qu'ils ne maîtrisent pas. Ils agissent en victimes car leur cerveau a été programmé pour le faire.

Que ce soit par le domaine familial, les amis ou la société actuelle, ils ont tous leur part de responsabilité dans ce qui compose nos pensées émotionnelles. La création d'un programme est très simple, il suffit de vous faire croire à un "quelque chose" en affirmant que celui-ci est vrai, avec sincérité et persuasion par la répétition pour que votre subconscient se dote de ce nouveau programme. Plus vous croyez à ce "quelque chose" et plus votre corps et votre esprit seront émotionnellement persuadés de la véracité de cette chose. Votre programmation neuronale se met alors en place.

•Exemple : Vous voulez réaménager votre cuisine qui date un peu et pour ce faire, vous avez passé du temps à la lecture de magazines spécialisés et émissions de télé dans le domaine, qui ont pris place à travers une esquisse d'un nouveau plan qui semble mieux correspondre à votre attente en matière de fonctionnalité.

Vous vous rendez dans un magasin spécialisé et montrez votre plan au vendeur qui complimente votre réalisation. Quelques heures passent et le vendeur vous à persuadé de changer l'ensemble de votre future cuisine moyennant un prix plus élevé. Malgré tous les efforts que vous avez mis en place via un processus, un inconnu vous à fait changé d'avis. Cela peut être vrai pour toute chose, que ce soit politique (on le discerne mieux pendant des élections), économique (la formule : deux paquets acheter, le troisième gratuit), sociale (cette voiture est faite pour vous, dit le vendeur). Ce sont des professionnels de la persuasion qui n'ont qu'un but : celui de vendre.

Vous vendre une voiture, vous vendre un discours, vous vendre leurs produits. Pourquoi ne dirigez-vous pas votre vie si vous mettez des moyens physiques et intellectuels dans ce que vous voulez vraiment obtenir? La volonté propre de devenir qui vous êtes sans se laisser dominer n'est-elle pas une source émotionnelle de motivation pure?

-<u>La dure réalité</u>

Imaginez-vous un instant le 31 décembre, à la veille de passer la nouvelle année. Vous contemplez les dernières secondes entre amis et le passage fatidique ce fait inéluctablement. C'est une fois ce cap franchi que viennent les "nouvelles résolutions" de la nouvelle année, comme «j'arrête la cigarette» ou «je vais me mettre au sport...». Il y a les personnes qui dans l'euphorie de la fête le disent de façon mécanique, ils ne le pensent pas vraiment mais le disent quand même pour être présents dans l'instant. Ces personnes ne contrôlent pas leur environnement, ils essayent d'y subvenir sans jamais y arriver, comme une illusion. D'autres s'en foutent royalement, les nouvelles résolutions ne sont pas faites pour eux et le disent clairement, et d'autres attendaient ce moment pour passer à l'action (Je ne sais pas pourquoi d'ailleurs, perdre une année pour se fixer un objectif!). Au début ça marche et plus les jours s'éloignent de cette euphorie du nouvel an et plus la sensation de motivation diminue. Ah bon! Au final de cette "expérience" il ne reste plus qu'une poignée d'irréductibles accomplissant ces fameuses résolutions. Et oui, un faible pourcentage arrive à tenir bon et à aller jusqu'au bout du tunnel. Pourquoi ont-elles réussi? Peut-être avaient-elles une force de caractère émotionnelle les poussant au maximum de leur motivation ou bénéficiaient-elles d'un soutien familial à la hauteur de leurs attentes là ou d'autres en ont manqué. En tout cas une chose est sûre pour chaque personne qui entreprend et réussi à aller jusqu'au bout de son projet. Et pour trouver cette simple réponse, je me suis bien creuser les méninges. Il faut parfois prendre du recul et c'est ce que j'ai fait. Je suis allé au commencement de ma liberté intellectuelle.

Quelle est donc cette force mystérieuse qui m'a fait passer d'un état de léthargie mentale à un état de constante pensées créatrices? Il y a forcément eu un "truc" ou un "machin" mais je préfère l'appelé *déclencheur émotionnel*. Celui-ci est propre à chacun. Chaque personne sur Terre ayant accompli une volonté propre de se surpasser dans un domaine particulier dans sa vie a trouvé son *déclencheur émotionnel*. Les personnes qui se contentent de peu en se réduisant au strict minimum ne ressentent jamais ce besoin d'accomplissement de soi et par définition, sont incapables de déclenchement émotionnel propre à leurs évolutions qu'elles soient d'ordre physique, mental ou spirituel. Ces personnes se contentes de ce qu'ils savent faire de mieux et se résument à une existence linéaire, rien de plus et rien de moins. L'accomplissement

Motivez-Vous
le pouvoir de se surpasser

dans une autre tâche que leur travail respectif n'est pas envisageable, tout le monde connait l'expression : «Métro, boulot, dodo». Ils se cantonnent à ce mode de vie qui semble les satisfaire. A l'ère de l'information ou tout est connecté, ces personnes vivent une existence non représentative. Ils se contentent de voir, à travers les réseaux sociaux, la vie d'autres personnes dans l'attente de connaître les derniers rebondissements d'une affaire sans intérêt plutôt que de se concentrer sur leur vie. Chaque jour est une répétition du jour qui le succède sans qu'une volonté propre de devenir unique via un déclencheur émotionnel ne vienne les transpercer. La vie doit se résumer en un apprentissage constant sur ce que nous sommes et les personnes cherchant sans cesse ce mouvement sont actives via ce déclencheur émotionnel. Il n'y a pas besoin de frontière entre les classes sociales, riches et moins riches ni d'avoir une intelligence supérieure à la moyenne pour déclencher en soi ce besoin d'accomplissement. Il suffit de nourrir son esprit d'une volonté pour avoir la conscience du besoin et du possible.

Volonté d'esprit *entraîne* **l'ouverture de l'état conscient**

Motivez-Vous
le pouvoir de se surpasser

Nous voulons tous le meilleur pour nos enfants en leurs inculquant certaines valeurs qui nous tiennent à cœur. Mon fils a été en quelque sorte le déclencheur émotionnel de mon état conscient permettant l'ouverture vers un état de changement. C'est à dire que je suis passé d'un état ou je me cantonnais dans la monotonie de la vie (au travail la semaine, puis repos le week-end et on recommence les semaines suivantes) à la conquête constante d'une amélioration et d'enrichissement de soi dans des domaines spécifiques en plus de mon travail. Comme je l'ai dit, c'est en voyant mon fils que le déclencheur s'est activé. En le regardant avec une attention particulière que je ne saurais expliquer, il m'est venu à l'esprit certaines questions sommes toutes à fait banales mais qui réveilla mon côté créatif endormi depuis si longtemps. Voulais-je vraiment continuer cette vie de "normalité" et entraîner ma famille dans ce tourbillon monotone? Souhaitais-je répéter le même modèle de vie que mes parents ont eu avec moi? Était-ce vraiment la relation que je voulais entretenir avec mon fils? Il m'a semblé évident que ces trois questions détenaient la même réponse. Me risquer d'entreprendre certaines choses afin de permettre un gain de temps plus important à consacrer envers mon fils fut pour moi une évidence. Cette évidence s'est transformée en priorité importante car cela demande du temps. Dès que vous ressentez ce déclencheur émotionnel, vous devez canaliser votre énergie sur celui-ci afin de commencer immédiatement cette tâche car le temps ne s'arrête pour personne et surtout, pas pour celui qui attend patiemment que l'envie de créer vienne frapper à la porte.

Résumé du chapitre: Devenir le maître de soi.

-L'épanouissement représente la base du développement personnel.

-Se comprendre c'est commencer à apprendre.

-L'ambition permet une détermination dans l'accomplissement à travers le temps.

-La volonté propre d'être soi est source de motivation.

-Le déclencheur émotionnel permet une ouverture de son état conscient propice aux changements.

Questions: Êtes-vous une personne ayant arrêté son apprentissage à la fin de ses études ou

Motivez-Vous
le pouvoir de se surpasser

au contraire, êtes-vous ce genre de personne en recherche constante d'évolution de soi? Avez-vous trouvé votre déclencheur émotionnel? Quel est-il et quel est son degré d'importance dans votre vie?

Motivez-Vous
le pouvoir de se surpasser

Partie 5: L'élévation personnelle

CHAPITRE 14

◆ **Le pouvoir d'agir** ◆

Connaître ne suffit pas.
Il faut savoir appliquer.
La volonté ne suffit pas.
Il faut savoir agir.

- Bruce Lee -

Une année c'est écoulée, nous revoici en été et il est maintenant temps pour nos amis de se rassembler autour de ce cher barbecue. Le temps aussi pour des échanges de points de vue plus ou moins animés. Après tout, chacun à une vision personnelle du monde dans lequel il vit. Certains souhaiteraient plus d'argent, d'autres voudraient changer de voiture et pour finir, il y a ceux qui se plaignent tout le temps que rien ne va dans leur vie. Il est intéressant de remarquer que pour toutes ces personnes, il y a là une certaine volonté de changement mais ils n'agissent pas en conséquence. Pourtant le processus est simple. Chaque personne porte un choix libre après une réflexion qui se transforme en décision (un changement profond) qui l'amène à agir en conséquence.

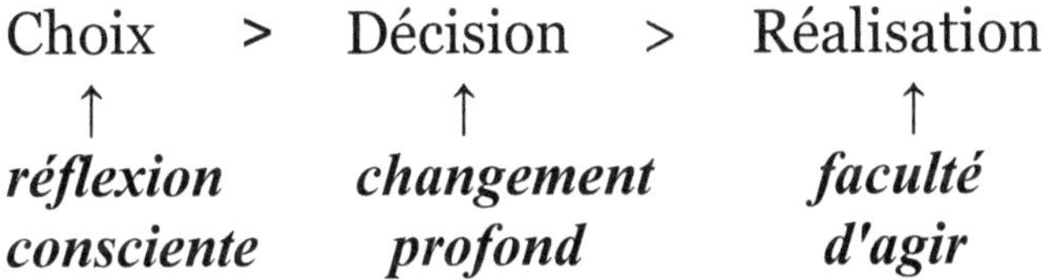

Si la personne possède une volonté propre d'un changement mais n'agit pas, c'est qu'elle manque de capacité. Le pouvoir s'exerce si la personne à la capacité de celui-ci.

-<u>Pouvoir et capacité d'agir</u>

Chaque fois qu'une situation se présente à vous, votre corps réagit en fonction de celle-ci, c'est votre état d'être corporel dirigé par l'esprit.

Que vous soyez en colère, timide, sûr de vous ou complètement dépassé par la situation, vous adopterez une posture, une tonalité, une gestuelle et un langage qui lui est propre. On peut atteindre une capacité de contrôle des conditions internes et externes d'une situation en effectuant un travail permanent de soi sur son esprit. C'est à

Motivez-Vous
le pouvoir de se surpasser

dire que l'on obtient la faculté d'interagir sur son subconscient afin d'en maîtriser son corps. On arrive alors à entretenir cette capacité de contrôler et d'exercer ce pouvoir d'agir en conséquence de ses événements, mais cela demande un effort certain.

État de la personne	>	Capacité/ Incapacité	>	Pouvoir d'agir ou pas

Votre état influence sur la capacité à exercer votre pouvoir d'agir. Il y a ainsi une forte interaction entre le contrôle de votre environnement et le contrôle que vous exercez sur vous-même. Plus vous avez la maîtrise de votre état d'être et plus vos capacités d'agir s'en font ressentir. Il suffit de constater ce pouvoir sur une personne timide dont son corps se paralyse dès qu'il se retrouve dans une situation où l'environnement qui l'entoure échappe à son contrôle. Cette personne est perdue avec elle-même, ne sachant que faire et son activité corporelle le trahis. Pour que cette personne arrive à se détacher de cette timidité, elle doit opérer un changement dans son comportement en interagissant sur ses émotions. Cela comporte ses propres difficultés mais reste réalisable sur le long terme. Ce pouvoir ainsi maîtrisé devient important puisqu'il permet une harmonisation

Motivez-Vous
le pouvoir de se surpasser

de votre état d'être. Chaque fois qu'il y a une situation d'urgence, vous ne paniquez pas puisque vous avez travaillé au bon fonctionnement de cette nouvelle capacité. Ceci joue un rôle essentiel sur vos émotions. Si vous êtes capable d'interagir sur votre comportement, alors vous êtes capable de transformer les mauvaises émotions en bonnes émotions et d'agir en toute conscience sur votre état d'être dans un environnement qui vous semble fluide. Cette conséquence joue un rôle au sein même de votre degré motivationnel. En effet, pour agir, nous devons dissiper les émotions bloquantes et ainsi obtenir par notre état d'esprit un contrôle émotionnel jouant sur notre esprit moral et notre être physique. En interagissant sur et avec nos émotions, nous parvenons à agir sur un degré de motivation interprété en une valeur quantitative.

Imaginons que la personne atteinte de timidité citée plus haut soit arrivée à interagir sur ses émotions bloquantes via un travail intensif de son conscient émotionnel. Cette personne effectue sur elle-même un changement d'état d'être de sa personnalité. Elle a pris conscience d'une impulsion de changement pour se remettre en mouvement en laissant de côté la peur et l'angoisse. Comme toute personne prisonnière d'émotions bloquantes, elle doit trouver son déclencheur émotionnel et ainsi se libérer d'elle-même pour ensuite créer un état d'être dans le mouvement et ainsi se sentir libérée.

Votre confiance en vous est enfin décuplée de même que votre motivation. Il est très important de comprendre que les émotions qui nous traversent sont à la base de toute forme d'énergie motivante.

"L'énergie n'est rien sans le ressenti qui émane des émotions".

Cette faculté que l'homme à de créer et d'agir diffère des autres espèces, le plaçant au dessus de tous êtres vivants. Alors pourquoi autant de personnes ne recherchent ou ne possèdent-elles pas cette faculté? Je pense que la réponse est qu'elles ne savent tout simplement pas comment procéder. On peut observer ce phénomène par le biais de questions que l'on se pose à nous-même ou à des amis. "Que voudriez-vous faire dans les cinq années à venir?", "Que souhaiteriez-vous changer dans votre vie?", "Qu'attendez-vous pour commencer immédiatement?". La plupart des personnes à qui j'ai posé ces questions ont répondu avec une certaine rapidité, cela laissait à penser qu'elles y avaient déjà réfléchi. Elles ont une réelle envie de changer au moins une chose dans leur vie actuelle, mais ne sachant comment faire, cette volonté de changement reste à l'état de pensée.

Motivez-Vous
le pouvoir de se surpasser

-<u>La différence des 5%</u>

Avoir la volonté d'un changement est une étape à l'ouverture d'une force invisible permettant d'accomplir ce que l'esprit visualise.

Agir pour créer le mouvement de cette force est une bien autre affaire. Seulement 5% de ces personnes accompliront et apporteront des grands bouleversements qui changeront leur vie et marqueront l'histoire, et environ 45% changeront des choses mineures dans leur vie et amélioreront leur capacité de décider puis d'agir.

Le pourcentage restant (50%) se laissant bercer par leurs rêves n'attendant rien de plus dans leur vie. Ces personnes ne sont pas en recherche d'évolution ou d'amélioration constante. A la base, ces 5% de personnes ont eu une volonté propre d'un changement et ne savaient pas comment procéder pour créer cette opportunité. La différence se résume dans ce qui englobe la motivation. A l'instar du dernier groupe de personnes, les 50%, ceux faisant partie des 5% et des 45% ont acquis deux capacités essentielles :

•La première est qu'elles sont persuadées que la visualisation de leurs idées à travers l'esprit est indéniable. Elles ont la conviction que cela marchera un jour et apportera un vrai plus dans leur vie.

•La deuxième est qu'elles agissent par la recherche. Elles ne savent pas comment faire mais n'abandonnent pas pour autant. La recherche du processus de réussite est la motivation qui les pousse jusqu'à l'aboutissement de celui-ci. Que cela prenne quelques jours ou mois pour les 45%, ou plusieurs dizaines d'années pour les 5%, ces personnes iront jusqu'au bout. L'échec est permis, l'abandon non.

La volonté et la capacité, voilà deux facteurs motivants. Faut-il encore le vouloir. Ce qui est le plus flagrant entre le premier groupe (5% et 45%) et le deuxième (50%), est la détermination (et encore plus, un acharnement dans les 5% en s'y consacrant toute une vie entière), dans la recherche prédictive d'éléments jusqu'à ce que l'objectif soit atteint. Les personnes représentant les 50% ne se fixent pas d'objectif donc elles ne sont pas dans une recherche permettant une évolution de leur environnement social.

Les chapitres précédent vous ont permis, je l'espère, de mieux vous connaître. A travers votre degré de motivation émotionnelle, de votre confiance et de l'estime que vous vous portez, vous êtes en possession d'un pouvoir. Vous faites partie intégrante du premier groupe (5% et 45%) puisque vous êtes dans la recherche d'éléments pouvant vous faire avancer d'avantage dans un ou plusieurs domaines spécifiques. La possession de ce livre entre vos mains en est la preuve. Vous n'êtes pas de ceux qui se créent des excuses pour ne rien faire et se morfondent sur eux-mêmes. Vous avez ce pouvoir de créer et d'agir en toute conscience sur votre vie sans sentiment de peur.

Vous vous sentez capable de relever n'importe quel défi car vous détenez le pouvoir d'agir.

Résumé du chapitre : L'état d'être pour savoir agir.

-Avoir la capacité d'agir dépend de votre état moral et physique.

-Il suffit d'opérer un changement de ses émotions pour changer son comportement.

-On observe deux différences majeures entre ceux qui agissent et ceux qui n'agissent pas : La croyance dans leurs idées et la persévérance dans celles-ci.

Questions: Avez-vous des émotions bloquantes qui trahissent votre état d'être et vous empêchent d'agir? Si oui, avez-vous les moyens de les dissiper? Pensez-vous être en mesure d'agir en toutes circonstances?

CHAPITRE 15

♦ La valeur intrinsèque ♦

*L'homme ne connaît pas le degré de sa
valeur avant d'en avoir fait l'épreuve :
Il se trouve souvent dans l'action plus
grand qu'il n'avait cru,
ou inférieur à ce qu'il avait présumé.*

- Alexander Pope -

La vie n'est n'y facile, n'y difficile. Elle est ce que l'on en fait. Elle peut vous sembler facile au début pour devenir une chose difficile à la fin et inversement. Il y a toujours une part de facilité se cachant dans la difficulté et vice-versa. Ceci est proportionnel à un système de croyance complétant votre personnalité dans le moment présent. Une personne née dans la pauvreté restera dans la pauvreté si son système de croyance inculque en elle l'impossibilité de devenir une personne riche. Elle ne cherchera aucune solution pour sortir de cet état puisque

Motivez-Vous
le pouvoir de se surpasser

ses croyances lui dictent qu'il n'y a pas de possibilité ou pire, qu'elle n'est pas faite pour ça.

Au contraire, une personne née d'une famille pauvre (moi-même, nous verrons cela dans le chapitre 16) cherchant à progresser dans son système de valeur, à le remettre en cause parfois, aura plus de pouvoir pour endiguer et sortir de cet état de pauvreté. Cette personne à une autre vision (positive) pour aller de l'avant et chercher des solutions qui l'aideront à avancer là où elle désire être et se sentir épanouie. Ainsi, les décisions que vous prenez au moment présent définissent votre vie future. Si vous commencez à aider votre prochain, peu importe la manière, tout cela dépend du degré de compétences lié à chacun dans un domaine défini. Alors vous ressentirez dans un avenir proche une forme de gratitude. Le contraire est également vrai. Si vous vous immiscez dans la voie du vol ou tout autre fait néfaste, il y a de fortes probabilités que votre avenir se conjugue avec le mot prison. La prise de stupéfiant ou d'alcool ne déroge pas à la règle.

Votre corps se souvient parfaitement de ce que l'on lui impose et nous dira merci à sa manière dans un futur proche. Ces décisions ne sont prises que par un ensemble de valeurs qui définissent votre personnalité. En clair, ce que vous pensez, que ce soit juste ou non, bon ou mauvais à l'instant T se fera par votre système de croyance acquis lors de vos expériences vécues impactant votre futur. Ce sont ses valeurs propres à chacun, composantes de votre personnalité intérieure et reflétant votre vie extérieure. Ces valeurs ne sont que la représentation des choses dites "importantes" à nos yeux qui interagissent dans le moment présent.

-<u>Notre système de valeur</u>

Une connaissance approfondie de notre système de valeurs permet une meilleure compréhension de nous-même. A travers cela, nous voyons les valeurs motivantes nous poussant vers le haut afin de nous dépasser mais aussi les valeurs destructrices. Cela permet une meilleure identification de ce qui marche et de ce qui ne marche pas. Ceci forme une représentation du système de nos valeurs hautes et basses. Une personne avec un fort pourcentage de réussite dans ce qu'elle entreprend fait passer ses valeurs hautes en premier (auto-discipline, certitude, confiance, détermination, volonté, défi...) laissant de côté ses valeurs basses, alors que l'inverse se produit pour une personne échouant constamment, se laissant dicter par ses valeurs basses (échec, incertitude, indécision, hésitation). Exemple de ses deux valeurs : Une personne ayant comme principale valeur *"la famille"* adaptera ses choix en vue de protéger et/ou de nourrir ce terme définissant ce lien familiale. En revanche, une personne dont sa principale source de valeur est *"l'insécurité"*, représentant une valeur basse peu importe la forme, qu'elle soit financière, physique, psychologique, vivra dans une peur et une anxiété certaine. Peu importe ce que nous essayons de faire, nous revenons toujours au commencement.

«Mieux l'on se connaît et meilleur sera le résultat.»

Ceci est la base de tout développement personnel. Avant de faire quoi que ce soit, nous devons savoir si nous sommes capables de le faire bien. Comment? Avec l'aide de notre système de valeur interne. Étant donné que c'est lui qui en définis notre personnalité de par la perception que l'on en à, il est bien placé pour nous orienter afin de mieux se concentrer sur nos qualités mais aussi nos défauts. Répertorier que nos qualités représenteraient une fausse image de nous-même, car personne n'est parfait. La perfection n'existe que pour une continuelle recherche dans notre art. Que ce soit pour un grand peintre ou un grand sculpteur, l'œuvre n'est jamais complètement terminée. Une peinture ou sculpture de grands maîtres n'est à leurs yeux qu'un ressenti de ou plusieurs sentiment(s) dont l'expression se retranscrit à travers leurs mains créant une forme unique

Motivez-Vous
le pouvoir de se surpasser

définissant l'art. Un grand maître se connaît parfaitement. Il sait ses qualités et ses défauts.

Vous devez en faire de même. Pour cet exercice, vous devez prévoir un laps de temps pour le faire consciencieusement. Commencer par lister vos qualités puis vos défauts. Inutile de remplir une feuille A4. Seules vos cinq principales valeurs dites *"importantes"* suffisent pour chacun des deux côtés de votre personnalité. Selon moi, essayer de lister toutes nos valeurs n'est pas un bon choix au début, car certains pourraient trouver en eux plus de défauts que de qualités, ce qui entraînerait une perte motivationnelle dans cette exercice de connaissance de soi approfondie. Choisir cinq qualités et cinq défauts permet un équilibrage mental de nous-même. Par la suite rien ne vous empêche de pousser l'exercice plus loin pour en savoir d'avantage sur soi. La seconde approche consiste dans une classification méthodique de ces valeurs. Inutile de retourner en enfance pour se remémorer de bons ou mauvais souvenirs à travers le ressenti qui est le vôtre pour les découvrir. L'exercice consiste dans une connaissance de soi à l'instant présent, pas il y a vingt ans en arrière. L'expérience accumulée au fil des années a changé votre état d'esprit.

L'enfant et l'adulte ne sont pas les mêmes personnes mais je suis d'accord pour affirmer qu'une partie de l'enfance se retrouve dans l'adulte que nous sommes devenus aujourd'hui.

Motivez-Vous
le pouvoir de se surpasser

Ayez un regard objectif sur vous-même. Réfléchissez sérieusement et faites une comparaison entre ses valeurs pour déterminer l'ordre d'importance à vos yeux. Quelle valeur placez-vous en n°1? Cette valeur représente votre plus haute qualité. C'est l'une de votre plus grande force de caractère. Faite de même avec les quatre autres. Vous possédez entre vos mains une liste de cinq mots puissants que vous devez mettre en avant. Recommencez l'expérience avec vos défauts toujours en les classifiant par ordre de grandeur. Vous connaissez désormais votre principal défaut. La dernière chose qu'il vous reste à faire est de confondre vos deux listes pour obtenir une nouvelle liste de dix mots. Parmi vos cinq qualités et vos cinq défauts, quel est celui qui selon vous arrive en tête? Puis celui arrivant deuxième. Et le troisième, etc... Jusqu'au dixième. Vous détenez en votre possession la liste de votre personnalité (simplifiée) mais allant à l'essentiel. Vous savez mieux ce qui vous définit.

Cette liste est unique pour chaque individu. -Maintenant reste à voir à quel groupe vous appartenez.

•Groupe 1 : Vous possédez plus de qualités que de défauts parmi les six mots arrivant en tête de votre liste. C'est un bon début. Reste à entretenir ces qualités sans non plus se laisser avoir par trop de gentillesse. Faire la part des choses est souvent plus compliqué qu'il n'y paraît.

•Groupe 2 : Vous possédez plus de défauts que de qualités parmi les six premiers mots de votre liste. Vous devez les minimiser car cela peut vous bloquer dans certaine tâche ou situation. Essayez de les effacer d'un coup de baguette magique me semble ridicule. Faites un effet de balancier en diminuant ces défauts tout en augmentant vos qualités. Et arrêtez de vous en foutre!

•Groupe 3 : Vous possédez autant de défauts que de qualités. Peut-être êtes-vous bipolaire ou alors n'arrivez pas à vous décider lorsqu'une décision doit être prise. Faire le bon choix n'est pas chose facile. Il faut vous surpasser émotionnellement. Votre motivation peut vous y aider.

Se connaître est essentiel afin de mieux comprendre comment fonctionne l'intérieur de cette cervelle. La connaissance de soi permet d'accroître sa motivation, on est tous d'accord. Une meilleure motivation permet de meilleurs résultats, on l'a vu. Par quoi sommes-nous attirés? Quelle en est la source motivante? Jusqu'où cette source peut-elle nous pousser?

Voilà qui est intéressant de voir si l'on peut franchir la ligne d'arrivée. Je suis toujours déconcerté devant une personne dont sa valeur reste limitée de par la pensée négative qui en ressort. Elle ne veut pas "progresser" et reste dans son confort mental. Quand je leur demande : Que faites vous ce week-end ou quoi de neuf? La réponse est toujours la même : Rien.

Ce n'est pas qu'elles n'ont pas envie, c'est qu'elles ne veulent pas. Elles n'ont pas le même ressenti d'émotion pour leur vie qu'une personne en constante recherche d'une certaine évolution mentale et physique. Ce n'est pas la définition que j'ai de la vie. Ma définition est très courte :

«La vie est un mouvement permettant d'élever notre valeur d'apprentissage perpétuel afin d'en faire sortir le meilleur de nous-même».

J'ai bien peur que pour les personnes qui ne veulent pas, qui s'en foutent royalement, elles ne changerons jamais d'avis. Peu importe toute l'énergie consacrée, elles ne bougeront pas d'un iota. Je préfère les laisser dans leur tranquillité immuable. Après tout, chacun est libre de mener sa vie comme il l'entend.

Ressentez plutôt cette énergie vous parcourir le corps à travers le ressenti d'émotions qui est vôtre et voyez comme vous vous sentez vivant.

Résumé du chapitre: Définition de soi.

-Les décisions dans le présent impactent le futur.

-Vos valeurs à travers votre pensée définissent votre personnalité.

-En augmentant vos valeurs hautes, vous augmentez votre résultat.

-La connaissance de soi permet une meilleure motivation.

Questions: Aviez-vous remarqué comme les décisions entretiennent le futur? Avez-vous trouvé votre plus grande source motivante? En établissant cette liste, avez-vous appris de vous-même?

CHAPITRE 16

♦ **Avant, pendant** ♦ **et après!**

N'abandonnez jamais votre droit à l'erreur,
car vous perdriez la capacité
d'apprendre des choses nouvelles et
d'avancer dans la vie.

- David D Burns -

Arrêtez-vous une minute et pensez à votre vie passée et à toutes ces étapes franchies qui ont fait de vous ce que vous êtes aujourd'hui. Ce résultat est-il satisfaisant à vos yeux ou rêvez-vous encore d'autre chose? Puis, toujours dans cette optique de projection, qu'attendez-vous de votre futur? Êtes-vous pessimiste ou optimiste?

Vous ressentez toutes ces émotions se bousculer tantôt bonnes et tantôt mauvaises.

Cela s'appelle *la transformation*. Toutes ces questions doivent avoir un sens. Trouvez ce sens est facile. Il suffit de se demander si l'on est satisfait de notre vie présente. Puisque le présent influe sur notre futur, ce que nous vivons maintenant aura de fortes corrélations avec notre futur. Êtes-vous satisfait? Si votre réponse est oui, c'est que vous vivez selon ce que vous désirez et que votre sens dans la vie vous correspond pleinement. Vous êtes en corrélation avec vous-même. Si ce n'est pas le cas, c'est que vous n'avez pas effectué cette transformation de vous-même pour changer de vie et atteindre ce qui correspond le plus à vos envies (ce qui était mon cas, je l'avoue). Voici l'exemple d'une personne comme vous et moi que j'ai très bien connu puisque l'on a grandi ensemble. A travers ce récit, vous allez voir cette personne évoluer et se transformer, changeant sa vie pour devenir la personne qu'elle souhaitait devenir au fond d'elle-même.

Laissez-moi planter le décor. Nous sommes dans les années 80 lorsque je rencontre pour la première fois mon voisin que l'on appellera Eddy.

Âgé de huit ans, Eddy était issu d'un milieu défavorisé habitant dans un petit village. Avec un père ouvrier dans la fonction publique, une mère au foyer, un frère et une sœur, il était l'aîné de cette fratrie. Cette famille après avoir construit sur une période d'une année leur propre maison à la sueur de leur front était tombée dans le piège du taux variable. A cette époque les taux étaient extrêmement élevés et pouvaient atteindre plus de 20%. Payer cette maison les entraînaient un peu plus vers cet état de pauvreté.

-<u>Avant</u>

Cette période retrace plus de trente années, bien avant que j'entame l'écriture de ce livre. Né d'une famille moyenne, Eddy était un enfant moyen, n'aimant pas trop l'école. A vrai dire, étant dans la même classe, nous pouvions constater les allées et venues de certains professeurs afin qu'ils puissent se satisfaire d'un soudain besoin de boire un certain breuvage qui sentait plutôt fort. Entre cela et l'odeur des cigares, pour des enfants de notre âge (nous étions en CM1), l'école nous marqua de façon indélébile. Notre seule astuce était de se mettre en apnée pendant que le professeur nous parlait (que de bons souvenirs). Je me souviens d'Eddy comme quelqu'un de réservé, plutôt timide n'aimant pas être le centre de toutes les attentions, tout le contraire de ma personnalité (j'étais turbulent). Pendant toute cette insouciante jeunesse à rire et à jouer, quelque chose me frappait à chaque fin d'année scolaire.

Tandis qu'était venu le moment pour moi de profiter de mes vacances dans un autre pays en famille, Eddy passait toutes ses vacances dans son village. A vrai dire, je n'ai jamais vu Eddy partir en vacances avant l'âge de ses 18 ans. Ses

Motivez-Vous
le pouvoir de se surpasser

parents n'ayant pas assez d'argent pour satisfaire ce besoin. Ce manque d'argent se faisait ressentir par le manque d'éducation de parents occupées à regarder la télévision plutôt qu'à rechercher des solutions. Il s'en suivait une discipline de fer du père avec une mère effacée. Lors de mes allées et venues dans leur maison, je soupçonnais leur père de les frapper lui et son frère, pour un oui ou pour un non, mais je n'en ai jamais eu la preuve directement ou indirectement (j'avais 8 ans!). La relation père-fils était inexistante. Chaque fois que je rencontrais le père d'Eddy, celui-ci était plus absorbé par mes récits que ceux de son fils, le laissant presque de côté comme effacé. Vous vous rendez compte à présent de l'enfance difficile que ce pauvre Eddy a subit. Les parents d'Eddy parlaient de sacrifice. N'était-ce pas eux-mêmes qui, ayant choisis ce mode de vie s'étaient contraints à vivre une vie difficile? Je voyais plus les enfants porter ce fardeau que leurs parents.

Bien sûr, Eddy fini comme bon nombre de personnes en se prenant un appartement et en travaillant dur copiant ainsi le modèle que son père lui avait infligé pendant l'enfance.

Heureusement pour lui, le fait d'avoir eu un père mettant son fils de côté, celui-ci y gagna en débrouillardise.

-Pendant

Les années ont passées mais nous avions gardé le contact. Il travaillait toujours mais avait changé d'orientation. Il avait rencontré l'amour de sa vie et avait reçu ce miracle d'avoir un enfant. Bref, Eddy était heureux avec sa famille.

Je l'avais entretenu de mon désir d'aller boire un café en terrasse d'un bistrot de quartier afin de prendre des nouvelles et lui parler de mon livre sur la motivation que je venais tout juste de commencé, et par la suite, d'écouter ce qu'il en pensait. Étant arrivé le premier, j'étais impatient de le rencontrer et en même temps très déterminé. Après une courte attente, je vis Eddy arriver. Lorsque je le vis au loin me saluer, je remarquai quelque chose d'inhabituel dans sa démarche que je connaissais fort bien. Il dégageait une assurance certaine, comme si sa timidité s'était envolée. Son regard pointait fixement sur moi, et en même temps, il avait cette perception de ce qui l'entourait. Personne n'aurait pu lui faire changer sa direction. Son pas était décidé, sa posture bien droite et avant même que je le remarque, Eddy se tenait face à moi, assis sur cette chaise en ferraille. Plutôt bien habillé, Eddy me salua d'une poignée de main ferme. A travers ces retrouvailles, je possédais la preuve qu'Eddy était un homme différent dans le sens où il s'était produit une transformation, comme la chenille donnant naissance à un papillon. Plus rien à voir avec un Eddy un peu froussard, timide, sans assurance avec une personnalité effacée. Cette personne était indubitablement son contraire. Je lui demandai immédiatement la raison de ce changement si soudain. Laissant de côté mon livre, je savais que ce qu'Eddy allait me dire me serais utile par la suite. Ce qui est formidable, c'est que l'on peut apprendre de n'importe qui, il suffit d'écouter avec attention. Il me fit cette réponse :

«*La vie est un "mouvement" nous permettant de s'améliorer continuellement avant qu'elle ne disparaisse.*»

Je comprenais ce qu'Eddy m'expliquait mais il y avait autre chose derrière tout cela et j'étais déterminé à le savoir. Comprendre la vrai nature même de ce changement, voilà qui pour ma part devenait intéressant. Le changement d'Eddy était à mes yeux plus intéressant que le reste de mon environnement. Je me posais un tas de questions dans ma tête mais une seule sorti de ma bouche : «Comment t'es venu l'idée de ce changement». Il m'expliqua qu'un jour comme un autre, il se posa sur une chaise au calme et commença à réfléchir sur ce qu'il était devenu, faisant ainsi une chronologie minutieuse de soi aussi loin qu'il s'en souvienne. Il en conclu une chose étonnante. Selon lui, tout ceci était dut au mode de pensée de ses parents qui, toujours selon lui, ce serait retranscris dans cette éducation spartiate et très sommaire au cours de son enfance. Les journées rythmées par le bruit incessant de la télévision avec comme accompagnement un père autoritaire et dénué de sentiment envers sa famille, et une mère a la personnalité effacée. Loin de reproduire le mode de pensée de ses parents, Eddy m'expliqua que cette soudaine réflexion venait d'ailleurs. Il avait trouvé son déclencheur émotionnel permettant une élévation mentale bien plus haute que ses parents ne l'auraient jamais fait.

Mais quel était se déclencheur qui m'a mis cette claque de stupéfaction et d'admiration à la vue d'Eddy ce jour-là? Sa réponse fut brève mais efficace : «Mon fils.» Tout était parti de ces deux mots. Cela se passa lors d'une journée normale sauf qu'il ressenti une alchimie, c'est-à-dire, des conditions particulières de son mental, pour accéder à cet état particulier qui tant que l'on ne l'a pas vécu personnellement, on ne peut le comprendre vraiment. Il m'expliqua que c'est en projetant son image à travers le regard de son fils qu'il comprit que cette vie copiée sur le modèle de ses parents n'était pas en corrélation avec ce qu'il attendait de la vie future de son fils. C'est à partir de là que son esprit s'ouvra vers des pensées nouvelles. Une nouvelle vision de la chose. Une poussée émotionnelle parcourait désormais son corps tout entier.

Mais que croyez-vous qu'il se produisit? Une transformation! Après tout, ceci est une vérité vraie.

«Pour chaque déclencheur émotionnel en résulte une transformation de soi.»

Pendant cette période d'écriture qui m'a pris une année et demi, Eddy à travers sa transformation aura changé son comportement alimentaire pour une alimentation saine plus riche en vitamines et minéraux, fini la bouffe industrielle, il y gagna en énergie. Il réalisa un vieux rêve, celui de passer son permis moto qu'il eut du premier essai. Eddy m'avoua avoir lu plus d'une vingtaine de livres, lui qui ne lisait jamais et déménagea avec sa petite famille pour s'installer mille kilomètres plus loin, histoire de s'éloigner de la négativité qui entourait sa famille. Eddy n'a alors que trente-neuf ans.
Imaginez ce qu'il lui reste à accomplir.

-<u>Après</u>

Qu'en est-il une fois notre objectif réalisé? Est-ce que tout s'arrête ou alors tout s'enchaîne? Et bien cela dépend de votre état d'esprit dans lequel vous vous trouvez. Certaines personnes se contentent de ce qu'elles ont accompli, d'autres vont pousser la chose encore plus loin. Notre Eddy quant à lui n'a pas dit son dernier mot. Il m'a confié tout récemment que son état d'esprit était inchangé et qu'il continuerait d'aller de l'avant. Je lui souhaite plein de réussite dans ses nombreux projets. Quant à moi, ceci est peut-être le début de quelque chose de nouveau. Allez savoir ce qu'il en sortira de ma caboche mais sachez que les idées se bousculent. Le plus important reste vous-même. La question qui se pose reste bien sûr ce que vous allez faire une fois votre objectif, votre rêve réalisé. Peut-être que cela sera assez satisfaisant pour vous. Peut-être allez-vous profiter un peu du moment présent avant de repartir vers de nouvelles aventures.

Seulement vous et vous seul connaissez la réponse.

Motivez-Vous
le pouvoir de se surpasser

Mot de l'auteur

L'essence même de notre vie se retranscrit dans ce déploiement d'énergie que l'on produit à faire les choses qui nous tiennent à cœur. Cette "énergie motivante" ainsi constituée est le départ de vos pensées. Cette pensée vous est propre.

Vous devez posséder cette faculté de la bonne pensée afin qu'elle devienne votre principale force. Votre cerveau est comme un programme d'ordinateur. Mettez-lui le bon programme et il trouvera la solution au problème. Faites-lui contracter un virus et il ne saura plus quoi faire. Beaucoup de personnes ne savent pas comment faire dès qu'un problème surgit, on les entend plutôt râler, proliférer des insultes que de trouver la solution car ils n'ont jamais été initiés à "chercher". Est-ce pour autant leur faute? Je ne le crois pas, enfin pas tout à fait. Même si le fait de ne pas chercher une solution à la problématique peut être une faute, il n'en est pas moins la bonne éducation étant enfant. Les parents et l'entourage de celui-ci est à réprimander. L'éducation de nos parents joue une part importante dans le fonctionnement de notre pensée actuelle. N'oubliez pas, votre programmation neuronale s'est construite à partir du fichier de la pensée parentale dès votre naissance. C'est peut-être pour cela que certaines personnes sont autant motivées à créer alors que d'autres préfèrent l'inactivité, choisissant la facilité de ne rien entreprendre. Nous copions le modèle parental (je l'ai fait moi-même, ayant des parents inactifs). Il faut rester conscient de faire ce que l'on aime. Plus facile à dire qu'à faire, pas vrai! La plupart des gens dans notre société ne sont pas heureux. Ils n'exercent pas le métier de leur rêve, ne sont pas contents de rentrer chez eux après une dure journée de labeur, trouvent leur amis hypocrites. Ils ont besoin d'évasion. Les personnes convaincues d'un épanouissement total de leur vie ne recherchent plus rien d'autre, ils ont tout! Mais vous, les gens possédant encore ce pétale fané, vous seuls êtes capable d'une surélévation de vos sens meurtries. La capacité de déployer cette énergie motivante pour le bien des autres et de vous-même reste une source de pouvoir incroyable. Focalisez-vous sur le déclencheur émotionnel qui fera de vous un être exceptionnel. Le déclencheur est pour moi ce qui a le plus de pouvoir pour nous faire bouger le cul.

C'est lui qui joue avec nos émotions les plus profondes et les plus fortes et nous fait accomplir des miracles. Personne ne peut vous l'enlever.

Après tout, ce sont vos rêves et non les leurs. Ne restez pas avec des personnes essayant de gâcher votre existence. Pourquoi se torturer l'esprit avec des pensées négatives? Essayez de rester du bon côté de la barrière n'est pas chose aisée, surtout lorsque l'on possède un caractère fort. Faites plutôt usage de ce que l'on pourrait considérer être une faiblesse comme une force contrôlant toute émotivité. Ceci restant la chose la plus dure à faire. Le contrôle de vos émotions est la capacité d'interagir avec un événement non-contrôlable sans que cela vienne perturber votre esprit et votre corps (gestuelle, transpiration...), gardant la tête froide et objective à tous problèmes rencontrés. Il faut garder à l'esprit que vos émotions sont la source d'inspiration de votre motivation. Donc votre humeur, vos pensées développeront plus ou moins cette faculté d'auto-motivation. C'est pour cela que certaine personne sont motivées au début d'une inscription, peu importe le domaine de prédilection, car l'état d'esprit de ces personnes se retrouve dans une configuration particulière propre à chacun (euphorie, découverte, envie d'essayer, en groupe...). Puis avec le temps, cela varie selon l'individu, cet état d'esprit change de configuration (on se lasse, ne correspond pas à l'attente, on se retrouve tout seul...). L'état d'esprit a influencé ce mode de perception qu'est notre pensée. Ne négligez pas votre pensée, elle est à la base de votre pyramide de motivation et chaque niveau supérieur atteint augmente votre degré motivationnel.

Pour rester objectif et sincère avec vous, Eddy ce cher voisin n'est qu'une projection réelle de ma véritable personnalité. J'ai voulu parler de mon enfance difficile à travers le personnage d'Eddy. Cela m'a paru plus facile à développer même s'il n'y est décrit que la surface de l'iceberg. Nous avons tous rencontré des difficultés au cours de notre vie, plus ou moins intenses, mais cela ne doit certainement pas nous empêcher d'avancer. Ceci est notre droit fondamental. Je termine ce livre avec un sentiment profond et dur d'émotions que je ne saurais expliquer.

Je vous laisse avec une citation de Johan August Strindberg (1849-1912), dramaturge, écrivain et peintre suédois qui disait, je cite:

«En tentant l'impossible, on peut atteindre le plus haut niveau du possible».

Motivez-Vous

le pouvoir de se surpasser

Motivez-Vous
le pouvoir de se surpasser